PREMIERS MOIS DE FANFARE

ou

PETITE MÉTHODE D'ENSEMBLE

Pour les instruments à pistons en SI bémol et en MI bémol

A L'USAGE DES COMMENÇANTS INSTRUMENTISTES

PAR

J.-B. CHAUSSE

Professeur de musique au Petit Séminaire de Verrières (Loire)

NOUVELLE ÉDITION, REVUE ET COMPLÉTÉE

Prix net : 2f 75c

(Par la Poste, franco : 3f)

Adresser les demandes à l'Auteur

Droits réservés pour tous Pays

AVERTISSEMENT.

La petite méthode d'ensemble, ayant pour titre **PREMIERS MOIS DE FANFARE**, est déjà connue. Cependant, les modifications importantes dont elle a été l'objet, nous permettent de l'offrir au public comme une méthode presque nouvelle.

Revus et complétés, les principes renferment tout ce qu'un instrumentiste doit connaître pour la bonne interprétation d'un morceau de musique.

Les exercices déjà publiés ont été disposés dans un ordre meilleur. Nous avons comblé quelques lacunes et retranché certaines longueurs.

Enfin, de nombreux exercices sur les mesures composées, sur le coulé, le double coup de langue, etc., etc., sont venus grossir et *compléter* cette petite méthode, dont la première édition ne contenait que les principales difficultés des mesures simples.

Malgré ce remaniement total, les **PREMIERS MOIS DE FANFARE** ont conservé la simplicité et la gradation qui leur ont valu quelques succès. Ils seront donc encore une méthode vraiment pratique pour le jeune instrumentiste.

Mentionnons, en terminant, une amélioration matérielle qui n'est pas sans importance: la *gravure* a remplacé la simple *autographie*.

J. B. CHAUSSE.

ABRÉGÉ DES PRINCIPES DE MUSIQUE.

PRÉLIMINAIRES.

La musique, dit Fétis, est le produit de combinaisons successives et simultanées des sons.

Les combinaisons successives des sons se désignent par le nom de *mélodie*; les combinaisons simultanées, par celui d'*harmonie* en général, et par celui d'*accords* en particulier.

Pour dénommer les sons, on emploie les sept monosyllabes *Ut* ou *Do, Ré, Mi, Fa, Sol, La, Si*, que l'on répète autant que l'exige l'étendue de la mélodie, dans l'ordre suivant:

En montant: UT, RÉ, MI, FA, SOL, LA, SI, UT, RÉ, MI, FA, etc.

En descendant: UT, SI, LA, SOL, FA, MI, RÉ, UT, SI, LA, SOL, etc.

La différence qui existe entre ces divers sons n'est pas constamment la même. La distance de *Mi* à *Fa* et de *Si* à *Ut*, distance appelée *demi-ton*, n'est que la moitié environ de celle qui sépare les autres sons, et qu'on nomme *ton*.

ÉCRITURE MUSICALE.

Notes. Portée. Clefs. Silences.

NOTES. On appelle *notes* les caractères qui servent à représenter les sons.

Il y a sept notes principales, savoir:

La ronde.... o   La croche.......
La blanche ..   La double croche..
La noire ....   La triple croche ..
La quadruple croche...

PORTÉE. La *portée* est un ensemble de cinq lignes sur lesquelles et entre lesquelles on écrit les notes.

Lorsque ces lignes sont insuffisantes, on ajoute, soit au-dessus, soit au-dessous, de petits traits parallèles appelés *lignes supplémentaires*, que l'on répète pour chaque note. *Ex:*

Lignes supplémentaires.

PORTÉE.		
5ᵉ ligne.		4ᵉ interligne.
4ᵉ ligne.		3ᵉ interligne.
3ᵉ ligne.		2ᵉ interligne.
2ᵉ ligne.		1ᵉʳ interligne.
1ʳᵉ ligne.		

Lignes supplémentaires.

On donne encore à la portée, à cause de sa forme, le nom d'*échelle musicale*, et celui de *degrés*, aux lignes et aux interlignes.

2

CLEFS. La *clef* est un signe que l'on écrit au commencement de la portée, et qui indique par sa forme et sa position la place et le nom d'une note, et, par celle-ci, la place et le nom des autres.

On distingue trois sortes de clefs: la clef de *Fa* 𝄢, la clef d'*Ut* 𝄡 et la clef de *Sol* 𝄞. On les appelle ainsi, parce que la note qui se trouve sur la ligne de la clef, porte le même nom. *Ex.*

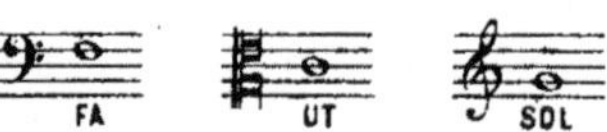

SILENCES. On appelle *silences* certains caractères dont la présence sur la portée indique un repos, c'est-à-dire, la cessation momentanée des sons. Voici les principaux:

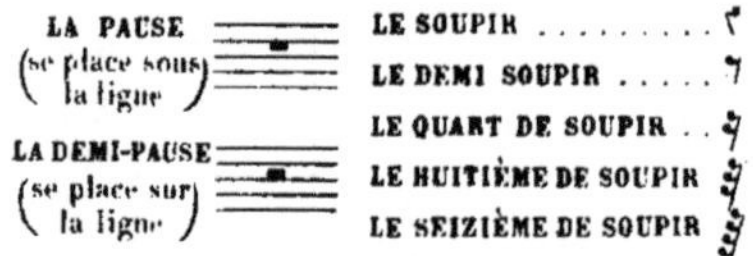

Valeur des notes et des silences.

La durée plus ou moins longue des sons et des repos constitue la *valeur* des signes qui les représentent. Cette valeur dépend de leur forme ou figure. Le tableau suivant en indique les rapports.

Si l'on va de gauche à droite, la valeur des signes est régulièrement de deux en deux fois plus petite; elle est au contraire de deux en deux fois plus grande, si l'on va de droite à gauche.

NOTES:

SILENCES:

Ainsi, la *ronde* vaut deux blanches; la *blanche*, deux noires; la *noire*, deux croches, etc. Pareillement la *pause* vaut deux demi-pauses; la *demi-pause*, deux soupirs; le *soupir*, deux demi-soupirs, etc.

Ajoutons que le silence et la note qui le surmonte, ont une valeur égale. Ainsi, la valeur de la pause équivaut à celle de la ronde; la valeur de la demi-pause, à celle de la blanche, etc.

Liaison. Point.

LIAISON. La durée d'un son est quelquefois représentée par plusieurs notes. Dans ce cas on unit ces notes par une ligne courbe ⌒ qu'on appelle *liaison*. Le son émis sur la première, doit alors être soutenu sans interruption pendant toute la durée des notes *liées*.

POINT. Le *point* (.) se place après les notes et après les silences. Son effet est d'augmenter ces signes de la moitié de leur valeur. Une blanche, par exemple, vaut deux noires; si elle est suivie d'un point (♩·), elle en vaut trois.

Le point peut être double et même triple: dans ce cas, le second vaut la moitié du premier, et le troisième, la moitié du second. Une blanche suivie d'un double point (♩··), vaut donc trois noires et une croche.

MESURE.

La *mesure* est la division de la durée des sons en parties égales qu'on nomme *temps*.

Les *temps* peuvent se marquer par certains mouvements du pied ou de la main: c'est ce qui s'appelle *battre la mesure*.

Pour plus de facilité dans l'exécution, on partage les notes et les silences des morceaux de musique en petits groupes composés de valeurs semblables ou équivalentes, et séparés sur la portée par des traits verticaux. Chacun de ces groupes prend le nom de mesure; les traits qui les séparent, s'appellent *barres de mesure*. Ex:

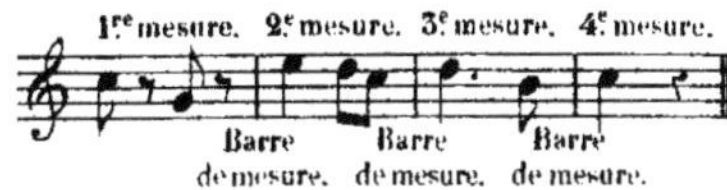

Différentes espèces de mesures.

On distingue trois espèces principales de mesure: la mesure à *deux temps*, la mesure à *trois temps* et la mesure à *quatre temps*.

Chaque espèce se divise en mesures *simples* et en mesures *composées*.

Dans les mesures simples, les temps, représentés par des notes *simples*, sont *binaires*, c'est-à-dire régulièrement divisibles par des valeurs deux fois plus petites.

Dans les mesures composées, les temps, représentés par des notes *pointées*, sont *ternaires*, c'est-à-dire divisibles par des valeurs trois fois plus petites. (Voir le tableau, page 4)

Indication des mesures.

L'espèce de mesure dans laquelle un morceau est écrit, s'indique en général par deux nombres disposés comme dans une fraction, et placés après la clef de la première portée.

Le nombre inférieur indique une division de la ronde, et le nombre supérieur combien il y a de ces divisions dans la mesure.

Ainsi, $\frac{2}{2}$ désigne une mesure composée de deux fois la moitié de la ronde, c'est-à-dire de deux blanches; $\frac{3}{4}$ indique une mesure composée de trois fois le quart de la ronde, c'est-à-dire de trois noires; $\frac{6}{8}$ annonce une mesure qui se compose des six huitièmes de la ronde, c'est-à-dire de six croches, etc.

Voici les indications des mesures les plus u-sitées, avec la note dont la valeur représente chaque temps.

On voit par le tableau précédent: 1.° que les mesures dont le premier nombre est impair, sont à *trois* temps; 2.° que celles dont le premier nombre est pair, sont à *quatre* temps, si ce nombre est divisible par 4, et à *deux* temps, s'il n'est divisible que par 2.

Manière de battre les mesures.

Dans la mesure à deux temps, le premier est un *frappé*, et le second, un *levé*.

Dans la mesure à trois temps, le premier est un frappé; le second se marque par un mouvement à droite, et le troisième se fait en levant.

Dans la mesure à quatre temps, le premier est un frappé; le second se fait par un mouvement à gauche; le troisième, par un mouvement à droite, et le quatrième en levant. *Ex:*

MESURES SIMPLES.	MESURES COMPOSÉES.
à 2 temps $\left\{\begin{array}{l}\frac{2}{2}\text{ ou 2 ou } \mathbb{C} \dots \\ \frac{2}{4} \dots \end{array}\right.$	à 2 temps $\left\{\begin{array}{l}\frac{6}{4} \dots \\ \frac{6}{8} \dots \end{array}\right.$
à 3 temps $\left\{\begin{array}{l}\frac{3}{2} \dots \\ \frac{3}{4}\text{ ou 3} \dots \\ \frac{3}{8} \dots \end{array}\right.$	à 3 temps $\left\{\begin{array}{l}\frac{9}{4} \dots \\ \frac{9}{8} \dots \\ \frac{9}{16} \dots \end{array}\right.$
à 4 temps. $\left\{\frac{4}{4}\text{ ou 4 ou } \mathbb{C} \dots\right.$	à 4 temps $\left\{\frac{12}{8} \dots\right.$

(MESURES CORRESPONDANTES.)

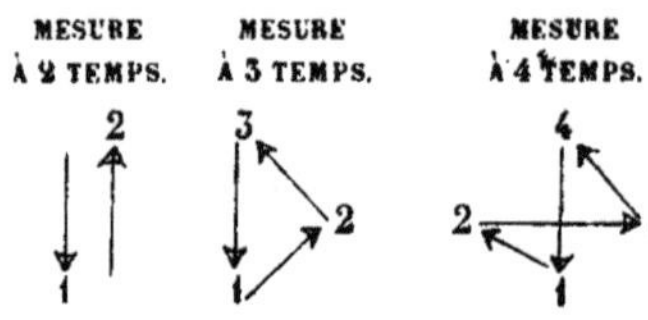

Distinction des temps et de leurs divisions.

Les temps d'une mesure n'ont pas tous le même degré de force. Il en est qui, dans l'exécution, se marquent, s'accentuent *naturellement* plus que d'autres. De là, des temps *forts* et des temps *faibles.*

En général, les temps *impairs* (1er et 3e) sont forts, et les temps *pairs* (2e et 4e) sont faibles.

Cette différence d'intensité qui distingue les temps, existe aussi dans leurs divisions. Ainsi, la première partie d'un temps binaire est forte, et la seconde, faible.

La partie faible d'un temps, exécutée isolément, se nomme *contre-temps.* Ex:

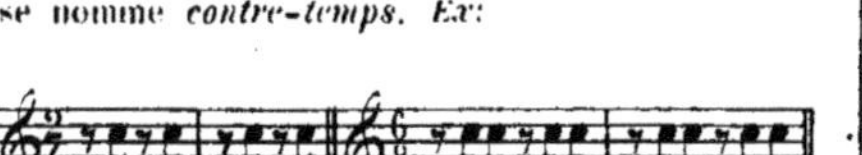

Syncope.

Lorsqu'un son commencé sur un temps faible, se prolonge sur un temps fort, ou bien encore, lorsqu'il va d'une partie de temps faible à une partie forte, il forme ce qu'on appelle une *syncope.* Ex:

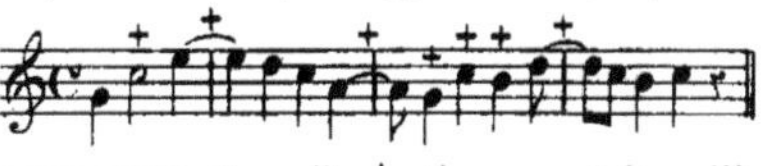

OBSERVATION. Dans l'exécution, on doit veiller scrupuleusement à ne point faire sentir la seconde partie de la note *syncopée,* tout en soutenant le son pendant toute la durée de sa valeur. Que l'attaque, au point de départ, soit bien franche et un peu appuyée.

Triolet. Sixain.

Le *triolet* est une valeur de trois notes employée pour celle de deux, comme trois croches au lieu de deux. Le chiffre 3 dont il est ordinairement surmonté, sert à l'indiquer. Ex:

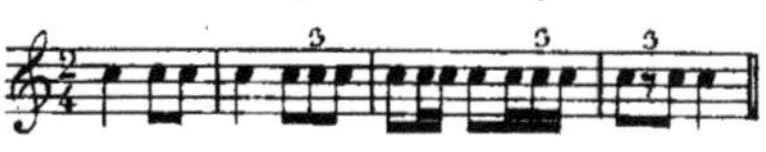

Le *sixain* est la subdivision binaire des notes du triolet. C'est donc six notes pour quatre. On l'indique par le chiffre 6. Ex:

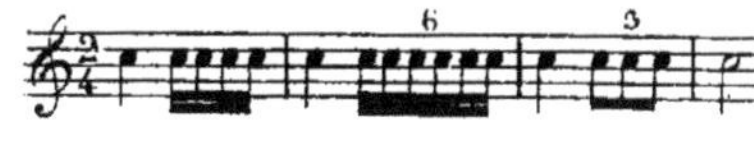

REMARQUE. Il est très-important, dans l'exécution, de ne pas confondre le sixain avec le double triolet qu'on indique aussi par le chiffre 6. Dans le sixain, les notes doivent être prises deux à deux, tandis que, dans le double triolet, on les prend trois à trois. *Ex:*

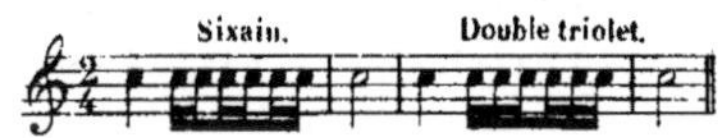

MOUVEMENT.

On appelle *mouvement* le degré de vitesse ou de lenteur qu'on donne aux temps de la mesure.

Indication du mouvement.

Le mouvement s'indique par certains mots placés en tête des morceaux de musique, au-dessus de la portée. Voici les principaux:

Largo ou Lento, qui signifie: *Très lent.*

Larghetto, —— *Moins lent que Largo.*

Adagio, —— *Lent.*

Andante, qui signifie: *Modérément.*

Andantino ou And.no —— *Moins lent que l'Andante.*

Allegretto ou All.tto —— *Moins vif qu'Allegro.*

Allegro ou All.o —— *Vif, gai.*

Presto, —— *Très vif.*

Prestissimo, —— *Le plus vif possible.*

Ces termes de mouvement sont souvent modifiés par les expressions suivantes, dont quelques unes même s'emploient isolément:

Maestoso, qui signifie: *Majestueusement.*

Sostenuto, —— *Soutenu.*

Cantabile, —— *Chantant, doux, gracieux.*

Commodo, —— *Commodément, aisément.*

Moderato, —— *Modéré.*

Grazioso, —— *Avec grâce et facilité.*

Tempo di marcia, —— *Mouvement de marche.*

Vivace, —— *Vivement, brillant.*

Animato, —— *Animé, joyeux.*

Risoluto, —— *Avec résolution.*

Assai, —— *Très.*

Ma non troppo, —— *Mais pas trop.*

Molto, —— *Beaucoup.*

Modifications du mouvement.

Lorsque, dans le cours d'un morceau de musique, le mouvement doit être momentanément accéléré ou ralenti, on indique ces modifications par les termes suivants:

Accellerando ou Accel:, qui signifie *En accélérant graduellement*

Rallentando ou Rall: — *En ralentissant graduellement.*
Ritardando ou Ritard:

Tempo primo ou Tº 1º — *Reprendre le mouvement primitif.*
A tempo.

Più lento, — *Plus lent.*

Più mosso, — *Plus animé.*

Meno vivace, — *Moins vif.*

Stringendo ou String:, — *En serrant de plus en plus le mouvt*

Slargando ou Slarg:, — *En relachant.*

Suspension du mouvement.

Le signe ⌒, appelé *point d'orgue,* surmontant une note ou un silence, annonce qu'il faut suspendre la mesure. La durée de cette suspension est laissée au bon goût du chef ou de l'exécutant.

SIGNES ALTÉRATIFS.

On appelle *signes altératifs* certains caractères qui indiquent une modification dans le son des notes devant lesquelles ils sont placés.

Ces signes sont au nombre de trois:
Le *dièse* ♯, qui élève la note d'un demi-ton;
Le *bémol* ♭, qui baisse la note d'un demi-ton;
Le *bécarre* ♮, qui ramène à son état naturel la note *diésée* ou *bémolisée.* Ex:

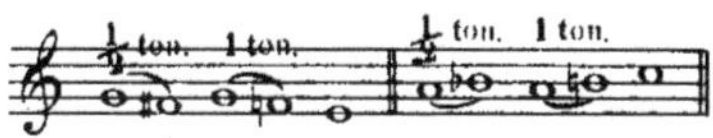

Les signes altératifs peuvent être *permanents* ou *accidentels.*

Permanents, ils s'écrivent en tête de la première portée, après la clef, et leur effet s'étend sur toutes les notes portant le nom des degrés qu'ils occupent, dans tout le cours du morceau.

Accidentels, ils se placent devant les notes qu'ils affectent, et ils n'ont d'effet que dans la mesure où ils se trouvent.

INTERVALLES.

On appelle *intervalle* la distance d'un son à un autre son plus grave ou plus aigu.

Un intervalle prend le nom de *seconde,* de *tierce,* de *quarte,* de *quinte,* de *sixte,* de *septième,* d'octave, etc., selon que les deux notes qui le forment, embrassent sur la portée 2, 3, 4, 5, 6, 7, 8, etc. degrés, y compris ceux qu'elles occupent elles-mêmes.

Deux intervalles de même nom peuvent ne pas renfermer le même nombre de tons ou de demi-tons. De là, deux espèces d'intervalles: les intervalles *majeurs* et les intervalles *mineurs.* L'examen du tableau suivant démontrera qu'ils ont un demi-ton de différence.

Tableau des intervalles.

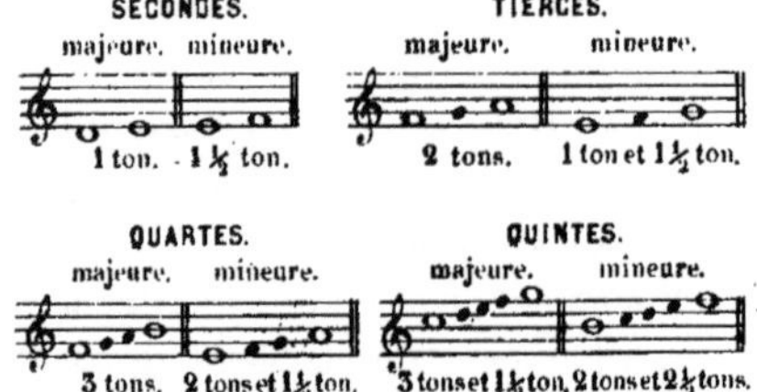

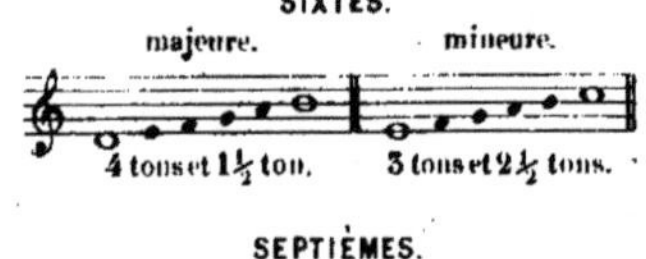

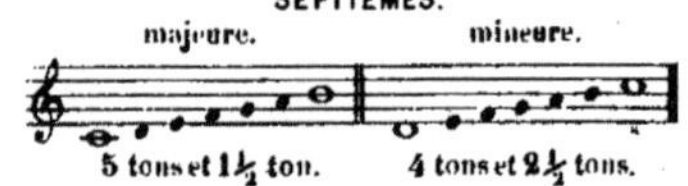

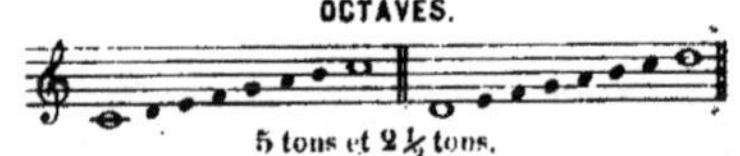

REMARQUE. Si, à l'aide des signes altératifs, on ajoute un demi-ton à un intervalle majeur, cet intervalle prend le nom d'*augmenté;* si l'on retranche un demi-ton d'un intervalle mineur, il est dit *diminué.*

GAMME.

On appelle *gamme* une succession de sons disposés selon leur ordre naturel dans l'étendue d'une octave.

Il y a deux sortes de gammes: la gamme *chromatique* et la gamme *diatonique.*

La gamme chromatique procède par demi-tons seulement. *Ex:*

La gamme diatonique procède par tons et demi-tons. Elle a deux *modes,* c'est-à-dire, deux maniè-res d'être, deux constitutions différentes: le mode *majeur* et le mode *mineur.*

La gamme du mode majeur a la première tierce *majeure* et renferme deux demi-tons invariable-ment placés du 3ᵉ au 4ᵉ degré, et du 7ᵉ au 8ᵉ. *Ex:*

GAMME DIATONIQUE DU MODE MAJEUR.

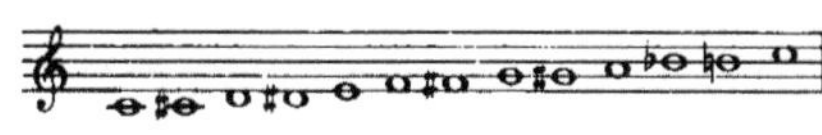

La gamme du mode mineur a la première tierce *mineure.* Sa formation la plus régulière admet trois demi-tons, disposés comme l'indique l'ex-emple suivant.

GAMME DIATONIQUE DU MODE MINEUR. (1)

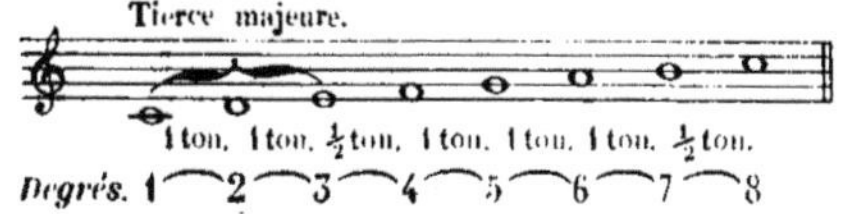

L'ensemble des sons d'une gamme ainsi formée, se désigne par le mot *ton,* et la première note de la gamme, celle qui lui sert de point de départ et lui donne son nom, s'appelle *tonique.*

Il existe donc autant de tons que de gammes; or il y a autant de gammes possibles — de l'un et de l'autre mode — qu'il y a de sons *différents.* Pour les former, il suffit d'écrire huit notes consécu-tives; puis, à l'aide des signes altératifs, d'établir entre elles la même disposition de tons et de demi-

---

(1) Le signe altératif qui affecte le 7ᵉ degré, n'est qu'acci-dentel. Il disparait souvent, lorsque la gamme est des-cendante.

tons que dans les gammes *modèles* données ci-des-sus. *Ex:*

Gamme modèle: UT RÉ MI FA SOL LA SI UT

Gammes formées à l'aide des dièses.
SOL LA SI UT RÉ MI FA♯ SOL
RÉ MI FA♯ SOL LA SI UT♯ RÉ, etc.

Gammes formées à l'aide des bémols.
FA SOL LA SI♭ UT RÉ MI FA
SI♭ UT RÉ MI♭ FA SOL LA SI♭, etc.

Si l'on complétait ce tableau des gammes, on trou-verait que les signes altératifs qui servent à les for-mer, apparaissent dans l'ordre suivant:

Ordre des dièses: FA, UT, SOL, RÉ, LA, MI, SI,
Ordre des bémols: SI, MI, LA, RÉ, SOL, UT, FA,

c'est-à-dire que, si, dans une gamme donnée, il n'y a qu'une note diésée, c'est le *fa;* s'il y en a deux, c'est *fa, ut;* s'il y en a trois, c'est *fa, ut, sol,* etc. etc.

NOTA 1º Les signes altératifs qui entrent dans la formation des gammes, sont *permanents.* (Voyez page 7) L'ensemble de ces signes constitue ce qu'on appelle l'*armure* de la clef.

NOTA 2º Chaque ton majeur a un ton *relatif* mi-neur dont la tonique est une tierce au-dessous de la tonique du ton majeur. Ainsi, *la* mineur est re-latif d'*ut* majeur; *mi* mineur est relatif de *sol* ma-jeur; *ré* mineur est relatif de *fa* majeur, etc. etc.

Le ton mineur a la même armure que le ton ma-jeur dont il est le relatif.

Dans le tableau suivant, la ronde indique la to-nique du ton majeur et le point noir, la tonique du ton mineur relatif.

TABLEAU DES TONS.

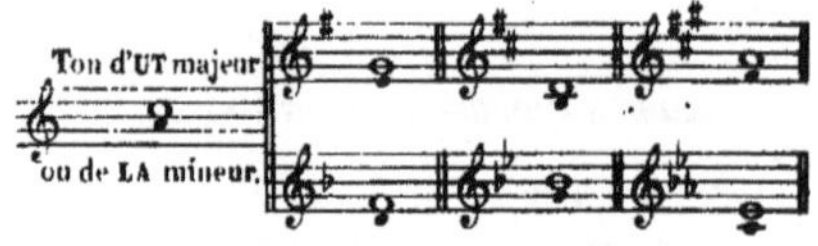

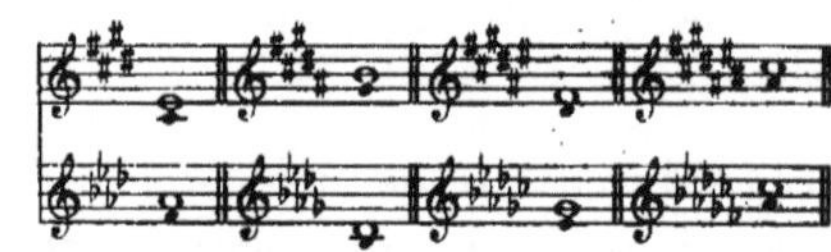

Manière de connaître le ton.

On a pu remarquer, dans le tableau précédent,que la tonique des tons majeurs est placée un *degré* au-dessus du dernier dièse, et une *quinte* au-dessus du dernier bémol (1) L'inspection de l'armure de la clef (2) sert donc à déterminer dans quel ton majeur ou dans quel ton mineur un morceau de musique est écrit, mais elle ne peut faire distinguer l'un de l'autre; on est obligé, pour cela,de recourir aux remarques suivantes. En général:

1º Tout morceau de musique finit par sa tonique.

2º Tout morceau de musique commençant par la quinte du ton majeur indiqué par l'armure, est dans le ton majeur. *Ex:*

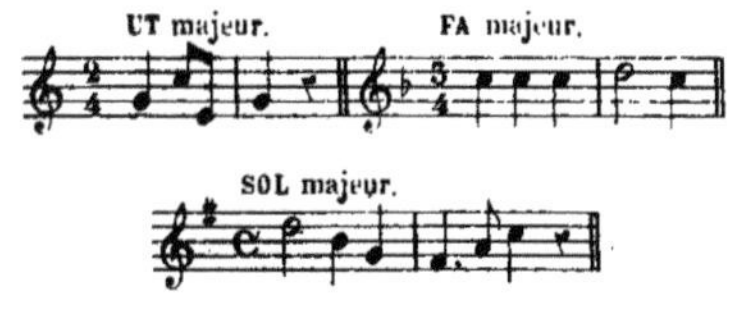

(1) Si l'armure se compose de plusieurs bémols, la tonique occupe le même degré que l'avant dernier.

(2) On sait déjà que, si la clef n'est pas armée, on est en UT majeur ou en LA mineur.

3º Tout morceau de musique commençant par la tonique du ton mineur indiqué par l'armure, est dans le ton mineur. *Ex:*

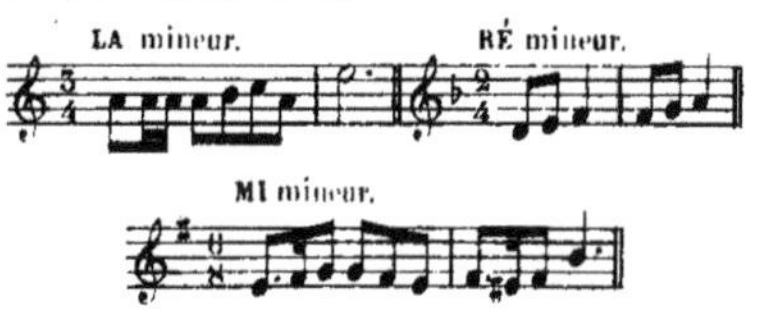

4º Lorsque la note qui serait quinte du ton majeur indiqué par l'armure, apparaît dès les premières mesures élevée d'un demi-ton, on peut croire que le morceau est dans le ton mineur. *Ex:*

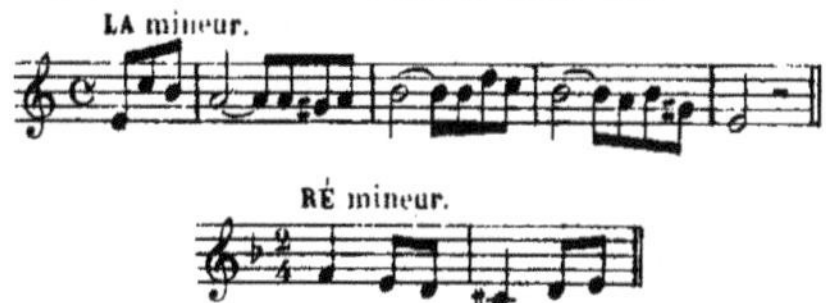

5º Lorsque la mélodie fait de fréquents retours sur la tonique du ton mineur indiqué par l'armure, il est permis de croire qu'on est dans le ton mineur.

NUANCES.

On appelle *nuances* les différents degrés de force ou de douceur que l'on donne aux sons.

Voici, avec leurs significations, les termes et les signes, qui servent à indiquer les principales.

Piano ou *p* . . . . *Doux.*

Pianissimo ou *pp* . . . . *Très-doux.*

Mezzo forte ou *mf.* . . . . *Moyennement fort.*

Forte ou *f* . . . . *Fort.*

Fortissime ou *ff.* . . . . *Très-fort.*

Crescendo ou cresc. ou ⟨ . . . *{En augmentant graduellement.*

Decrescendo ou decresc. ou ⟩ *{En diminuant*

Diminuendo ou dimin. *graduellement.*

Rinforzando ou *rfz* . . . . *En renforçant le son.*

Sforzando ou *sfz* . . . . *En appuyant.*

Dolce ou dol. . . . . *Avec douceur.*

Scherzando ou scherz. . . . . . . *En badinant.*

Mesto . . . . *Tristement.*

Leggiero ou legg. . . . . *Légèrement.*

Legato ou leg°. . . . . *Lier les sons.*

Staccato ou stacc. . . . . *Détaché.*

Morendo ou mor. . . . . *En laissant mourir le son.*

NOTA. 1° Lorsque le signe du crescendo et celui du decrescendo sont réunis ⟨ ⟩ sur une seule note, l'exécution de celle-ci forme ce qu'on appelle un son *filé.*

2° Un point *allongé* (▼), placé sur une note, indique qu'il faut l'attaquer d'une manière vive et très-sèche, et ne lui donner environ que le *tiers* de sa valeur. Lorsque la note n'est surmontée que d'un simple *point* (.), l'attaque doit être plus douce et moins sèche. On donne alors à la note environ la moitié de sa valeur.

ABRÉVIATIONS.

On entend par *abréviations* certaines manières d'abréger l'écriture musicale. Voici les principales:

1° Une note *barrée* représente autant de croches qu'elle en vaut; doublement barrée, autant de doubles croches, etc. On la surmonte quelquefois d'autant de points qu'il y a de croches, de doubles croches, etc., à répéter. *Ex:*

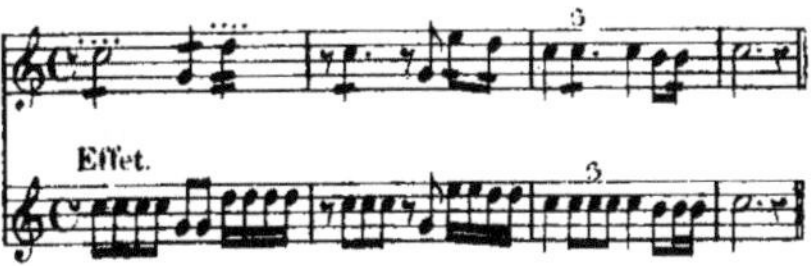

2° **Deux blanches unies par un trait, représentent en *notes alternées*, 4 ou 6 croches, selon qu'elles sont simples ou pointées. Si le trait est double, elles représentent ces mêmes valeurs en doubles croches et dans les mêmes conditions. *Ex:***

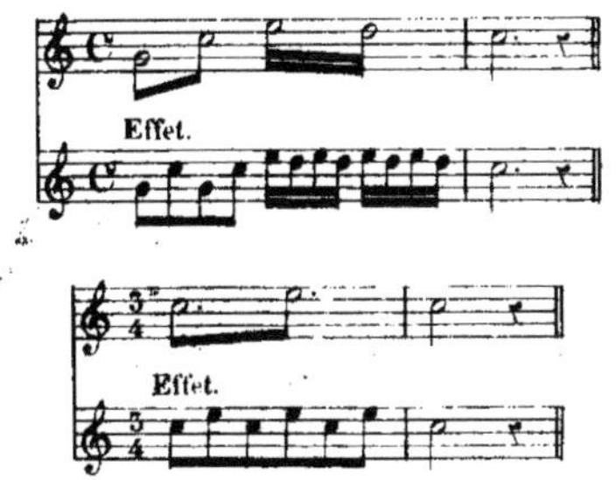

3° Une barre *inclinée* indique la répétition du temps précédent; si elle est accompagnée de deux points, elle indique la répétition de la mesure précédente. *Ex:*

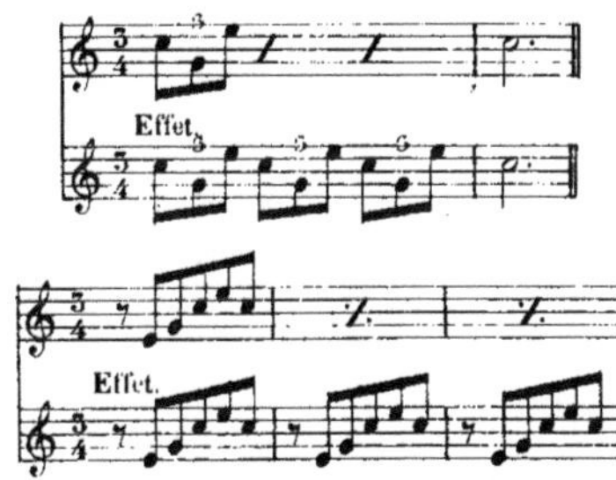

4° Le signe 𝄋, appelé *renvoi*, annonce qu'il faut reprendre au même signe, jusqu'au mot *Fine* ou *Fin*.

5° Les deux lettres *D.C.*, abréviation des mots *da capo* (en tête), signifient qu'on doit recommencer le morceau jusqu'au mot *Fin*.

6° Deux points placés devant une double barre traversant verticalement la portée, indiquent qu'il faut reprendre à la double barre précédente ou, s'il n'y en a pas, au commencement du morceau.

DE L'INSTRUMENT.

Position.

La position de l'instrument dépend de sa forme. Il faut prendre celle qui laisse le corps droit et à l'aise. Evitez surtout de baisser la tête.

Tenue.

Main gauche. Le poids de l'instrument doit être exclusivement supporté par la main gauche, afin que les doigts de la main droite soient parfaitement libres dans leurs mouvements.

Les instruments à pavillon en l'air doivent être saisis à la partie la plus éloignée du corps, à la hauteur des pistons. Les instruments à pavillon en avant sont généralement tenus par le corps des pistons, la paume de la main appuyée au bas des pistons, mais jamais au dessous.

Main droite. Le pouce de la main droite, autant que le permet la forme de l'instrument, se place allongé, sans raideur, entre les boites du 1er et du 2e piston (le premier piston est celui qui est le plus rapproché de l'embouchure) Le petit doigt reste immobile, légèrement appuyé sur le bord supérieur de la boîte du 3e piston, si l'instrument n'a pas de crochet pour le recevoir. Les autres doigts se posent ensuite naturellement sur les pistons qu'ils *touchent* par le milieu de la première phalange. Ne les arquez point, ne les raidissez point, et veillez, en jouant, à ne pas les élever au-dessus des pistons qu'ils ne doivent jamais totalement abandonner. Enfoncez les pistons vivement et d'aplomb.

Embouchure.

L'embouchure se place sur le milieu des lèvres, un peu plus sur la lèvre supérieure que sur l'inférieure. (1)

Une fois placée sur les lèvres, l'embouchure doit jamais être dérangée ni pour monter ni pour descendre. On respire en entr'ouvrant la bouche sur les côtés.

La pression de l'embouchure sur les lèvres se gradue du grave à l'aigu. Presque nulle dans les notes basses, elle est très-forte dans les notes élevées.

____

(1) Tel est du moins l'enseignement général, bien que des artistes de mérite professent le contraire.

DU SON.

Manière de l'émettre. Coup de langue simple.

Pour produire le son, il faut placer l'extrémité de la langue entre les lèvres, puis la retirer brusquement en soufflant, comme pour prononcer la syllabe *tu,* ou mieux, comme pour rejeter de la bouche un brin de fil. Ce mouvement que la langue opère ainsi, se désigne par l'expression *coup de langue,* et s'indique par la syllabe *tu.*

Évitez soigneusement de gonfler les joues et de souffler fort: le son est le produit du coup de langue et non du souffle.

Prenez garde à ne point ramener les lèvres en avant: il faut, au contraire, tirer les coins de la bouche, pour ne point laisser échapper l'air.

Cessez de jouer dès que vous sentez que les muscles commencent à se paralyser: on évite ainsi des courbatures de lèvres qui peuvent avoir des suites très-fâcheuses.

Double coup de langue.

Le double coup de langue ne s'emploie que dans les traits rapides en *staccato,* où il est d'une grande

ressource et d'un grand effet. Il s'obtient en émettant le son comme si l'on prononçait la syllabe *ku.*

Le double coup de langue est toujours précédé et suivi d'un ou de deux coups de langue simple, selon que le trait est en staccato *binaire* ou en staccato *ternaire. Ex:*

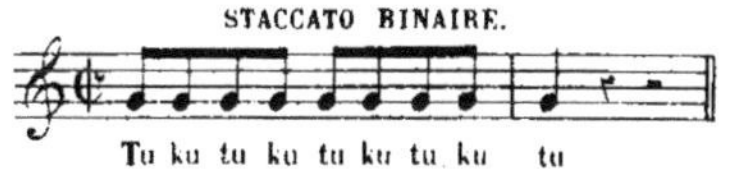

Coulé.

Le *coulé* est le passage d'une note à une autre par la seule pression plus ou moins forte de l'embouchure sur les lèvres. On exécute ainsi toute série de notes surmontées d'une liaison ⌢ et placées sur des degrés différents. Seule la première note est attaquée par un coup de langue. *Ex:*

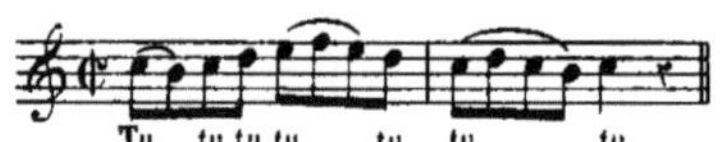

Coup de langue dans le son.

Lorsque la liaison est placée au-dessus d'une succession de notes surmontées d'un point, on doit attaquer la première par un *tu* très-doux, puis lui substituer la syllabe *du*, qui, tout en articulant chaque note, les lie parfaitement entre elles. Ce genre d'articulation se nomme *coup de langue dans le son. Ex:*

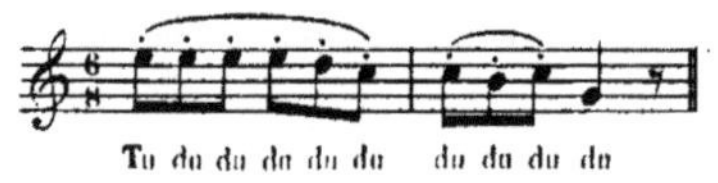

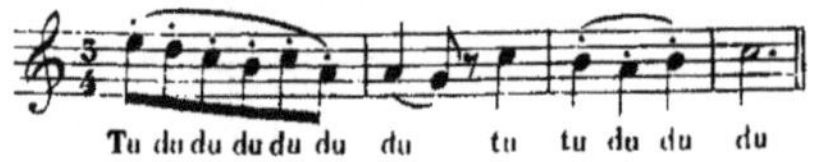

Oscillation du son.

L'oscillation du son s'obtient, sur les instruments à pistons, par un léger mouvement de la main droite, et non, comme se le figurent bien des musiciens, par un tremblement produit au moyen du cou, ce qui laisse entendre un certain *ou ou ou* d'un effet détestable.

USAGE DES COULISSES.

La coulisse qui correspond à l'embouchure et qu'on nomme coulisse *d'accord,* sert, en la tirant plus ou moins, à accorder les instruments entre eux.

Les coulisses qui correspondent à chacun des pistons, servent à établir les rapports de justesse entre les *sons ouverts* et les sons produits au moyen des pistons.

Les coulisses doivent toujours être tenues en bon état. Il faut pour cela avoir soin de les vider à la fin de chaque exercice un peu prolongé et de les graisser de temps en temps après les avoir bien essuyées. Ajoutons ici que les pistons ne doivent jamais être enduits d'aucun corps gras. Lorsqu'ils résistent, il faut se contenter de les approprier et de les humecter.

DOIGTÉ DES INSTRUMENTS À 3 PISTONS.

Les chiffres placés sur les notes servent à désigner les pistons qu'il faut baisser pour obtenir ces notes. Le chiffre 1 indique le piston mu par l'index; le chiffre 2, le piston mu par le doigt du milieu et le chiffre 3, le piston mu par le quatrième doigt. Le *zéro* indique les notes *à vide*, c'est-à-dire qui se font sans pistons.

NOTES NATURELLES.

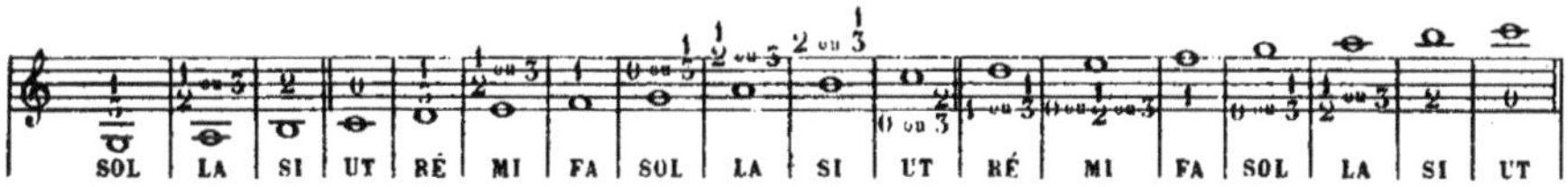

Note	Doigté
SOL	1.3
LA	2 ou 3
SI	2
UT	0
RÉ	1.3
MI	2 ou 3
FA	1
SOL	0 ou 3
LA	1.2 ou 3
SI	0 ou 3
UT	1 ou 3 / (0 ou 3)
RÉ	1
MI	0 ou 2 ou 3
FA	1
SOL	0 ou 3
LA	1.2 ou 3
SI	2
UT	0

NOTES ALTÉRÉES.

Note (dièse)	Doigté	Note (bémol)
FA ♯	1.2.3.	SOL ♭
SOL ♯	2.3.	LA ♭
LA ♯	1.	SI ♭
SI ♯	0 / 2	UT ♭
UT ♯	1.2.3.	RÉ ♭
RÉ ♯	2.3.	MI ♭
MI ♯	1 / 1.2.	FA ♭
FA ♯	2 ou 1.2.3. ou 2	SOL ♭
SOL ♯	2.3	LA ♭
LA ♯	1 ou 1.2.3 ou 1	SI ♭
SI ♯	0 / 2	UT ♭
UT ♯	1.2 ou 3 ou 1.2	RÉ ♭
RÉ ♯	2 ou 2.3 ou 2	MI ♭
MI ♯	1 / 0	FA ♭
FA ♯	2 ou 1.2.3 ou 2	SOL ♭
SOL ♯	2.3 ou 1 ou 2.3	LA ♭
LA ♯	1	SI ♭
SI ♯	0 / 2	UT ♭

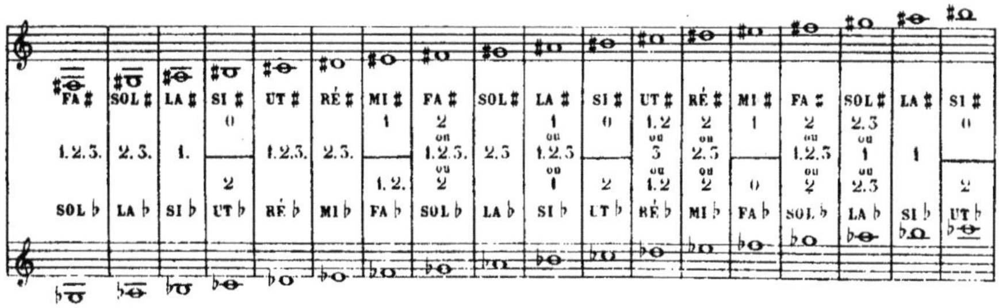

Doigté de la Basse à 4 cylindres de quelques facteurs.

Le chiffre 4 indique le piston mu par l'index de la main gauche.

NOTES NATURELLES.

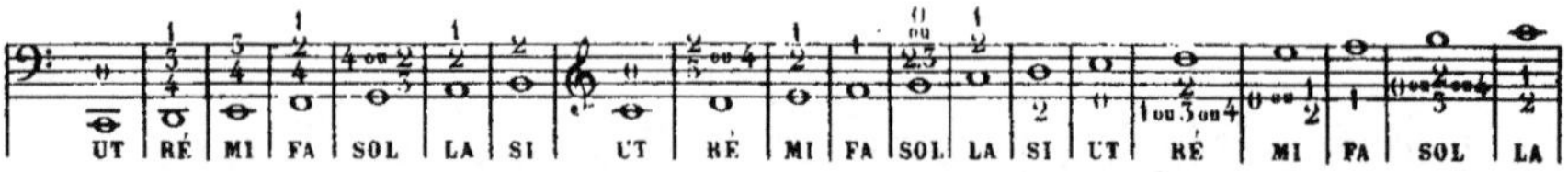

UT | RÉ | MI | FA | SOL | LA | SI | UT | RÉ | MI | FA | SOL | LA | SI | UT | RÉ | MI | FA | SOL | LA

NOTES ALTÉRÉES.

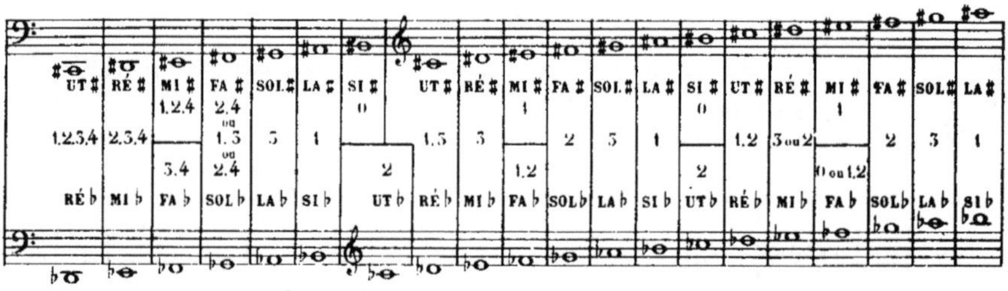

UT♯	RÉ♯	MI♯	FA♯	SOL♯	LA♯	SI♯	UT♯	RÉ♯	MI♯	FA♯	SOL♯	LA♯
		1.2.4	2.4			0		1				
1.2.3.4	2.3.4		1.3 ou	3	1		1.3	3		2	3	1
		3.4	2.4			2		1.2		2		
RÉ♭	MI♭	FA♭	SOL♭	LA♭	SI♭	UT♭	RÉ♭	MI♭	FA♭	SOL♭	LA♭	SI♭

UT♯	RÉ♯	MI♯	FA♯	SOL♯	LA♯	SI♯	UT♯	RÉ♯	MI♯	FA♯	SOL♯	LA♯
		1				0		1				
1.3	3		2	3	1		1.2	3 ou 2		2	3	1
2		1.2				2			0 ou 1.2			
UT♭	RÉ♭	MI♭	FA♭	SOL♭	LA♭	SI♭	UT♭	RÉ♭	MI♭	FA♭	SOL♭	LA♭	SI♭

NOTA. La tablature de la Basse à 4 cylindres sert aussi pour la Contre-Basse en MI♭, abstraction faite du 4ᵉ piston.

MOYEN MÉCANIQUE POUR TROUVER LE DOIGTÉ DES NOTES.

Pour trouver le doigté d'une note quelconque, sans avoir recours à la tablature, il suffit de savoir quelles sont les notes à *vide*, et quel est l'effet des pistons.

Les notes à *vide* sont: 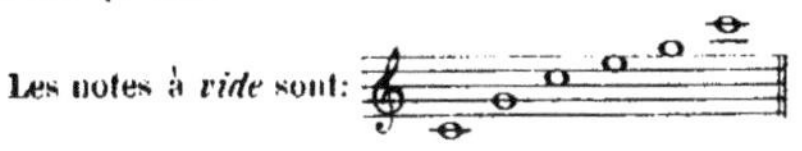

L'effet des pistons est de baisser le son, en allongeant le tube sonore qu'ils mettent en communication avec leurs pompes respectives.

Le 1.er piston baisse d'un ton; le 2.e, d'un demi-ton et le 3.e, d'un ton et demi (1).

Conséquemment: le 1.er et le 2.e piston réunis baissent d'un ton et demi; le 1.er et le 3.e, de deux tons et demi; le 2.e et le 3.e, de deux tons; le 1.er, le 2.e et le 3.e, de trois tons.

Ceci posé, pour trouver le doigté d'une note donnée, il faut calculer, par tons et demi-tons, la distance de cette note à la note à *vide* supérieure; puis chercher la combinaison des pistons qui remplit l'intervalle formé par les deux notes.

Soit, par exemple, à trouver le doigté de *La* ♭, je dis: de *La* ♭ à *Ut*, note à vide supérieure, il y a deux tons; donc cette note s'obtient avec le 2.e et le 3.e piston.

Soit encore à trouver le doigté d'*Ut* ♯ grave, je dis: d'*Ut* ♯ à *Sol*, note à vide supérieure, il y a trois tons; donc cette note s'obtient avec le 1.er, le 2.e et le 3.e piston.

Ton des instruments.

Un instrument est dit en *Si* ♭, lorsque l'*Ut* naturel de cet instrument sonne comme le *Si* ♭ du diapason.

Un instrument est dit en *Mi* ♭, lorsque l'*Ut* naturel de cet instrument sonne comme le *Mi* ♭ du diapason.

---

(1) Le 3.e piston de la Basse à 4 cylindres baisse de deux tons, et le 4.e, de deux tons et demi.

GUIDE DES PREMIERS MOIS DE FANFARE.

1º Les chiffres placés sur les notes servent à désigner les pistons qu'il faut baisser pour faire ces notes, avec les instruments à trois pistons (voir page 17). Les Basses qui ont un doigté particulier, devront s'y conformer. (voir page 18)

2º Les instruments en *Si bémol* (1) jouent sur la page gauche et les instruments en *Mi bémol* (2), sur la page droite.

3º Les exercices qui ne sont pas numérotés, ne peuvent être exécutés que par des instruments de même ton.

4º Les virgules placées au haut de la portée, indiquent les endroits où l'instrumentiste peut reprendre sa respiration sans nuire au sens de la phrase musicale.

5º Le mouvement, lorsqu'il n'est point marqué, doit, en général, être modéré.

---

(1) Cornet à pistons, Bugle contre alto, Baryton, Trombone à pistons, Basse à 4 cylindres.
(2) Petit Bugle, Alto, Petit Trombone, Cor à pistons, Contre-Basse.

PREMIERS MOIS DE FANFARE.

EXERCICES PRÉPARATOIRES.

Attaquez chaque note par un coup de langue; puis soutenez le son en le laissant mourir. Répétez chaque groupe de notes placées entre les doubles barres, jusqu'à ce que le son sorte bien pur.

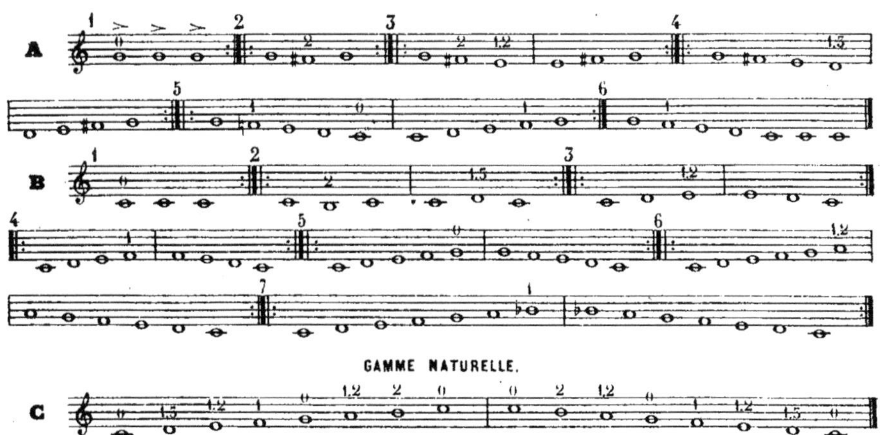

Exercices sur les Intervalles.

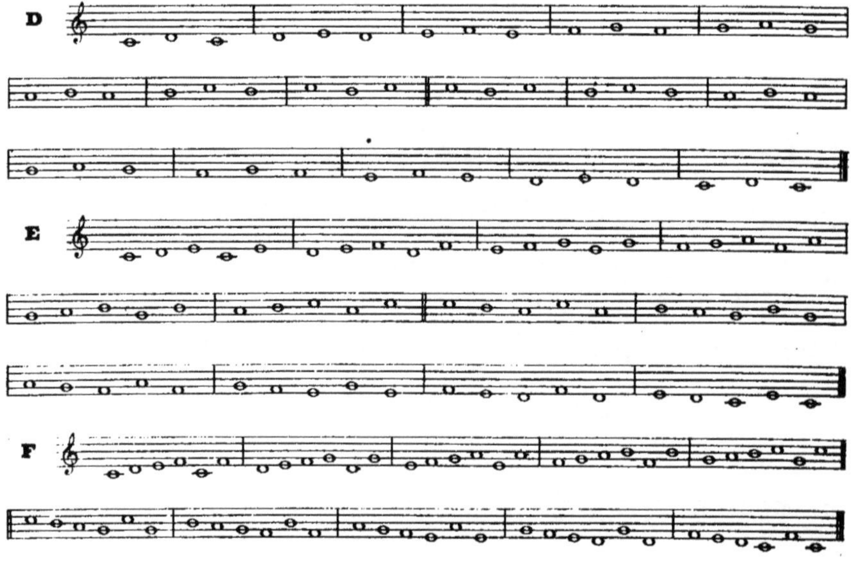

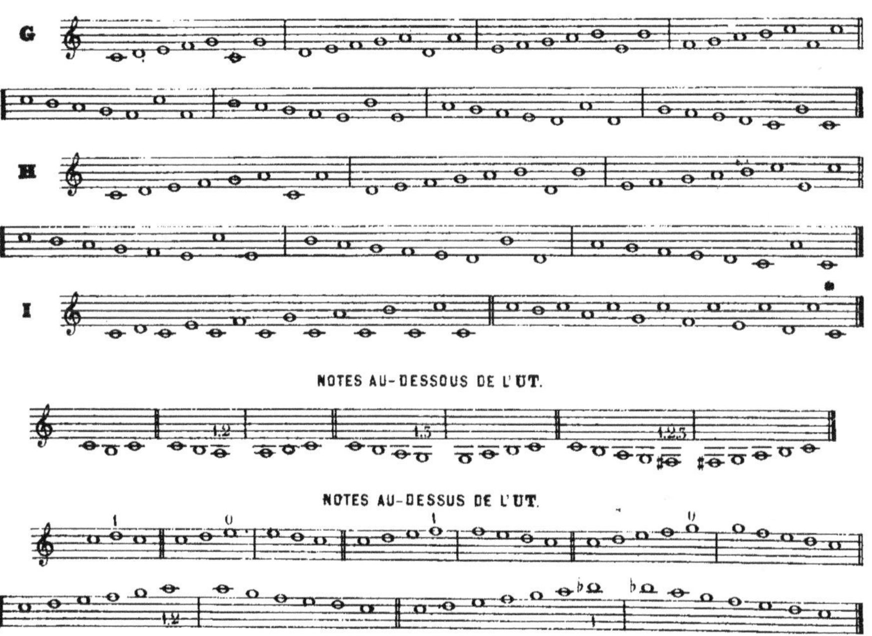
G
H
I
NOTES AU-DESSOUS DE L'UT.
NOTES AU-DESSUS DE L'UT.

EXERCICES D'ENSEMBLE.

MESURES SIMPLES.

MESURE A DEUX TEMPS, dite à *DEUX-DEUX*.

Voir aux principes, pages 3 et 4.

INSTRUMENTS EN SI ♭.

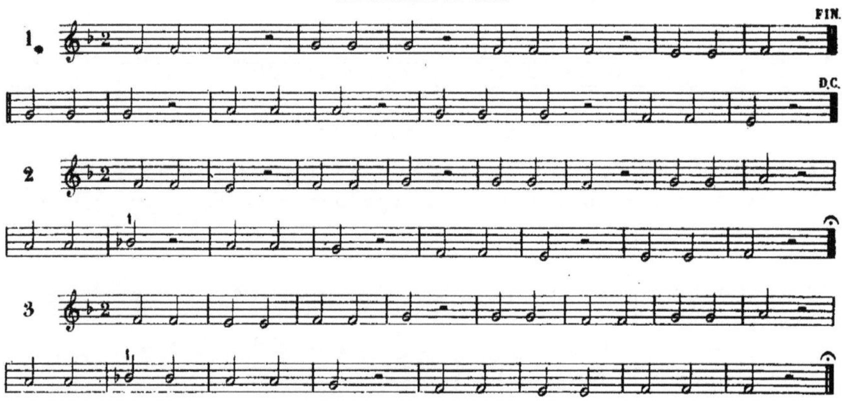

EXERCICES D'ENSEMBLE.

MESURES SIMPLES.

MESURE A DEUX TEMPS, dite à *DEUX-DEUX*.
Voir aux principes, pages 3 et 4.

INSTRUMENTS EN MI ♭.

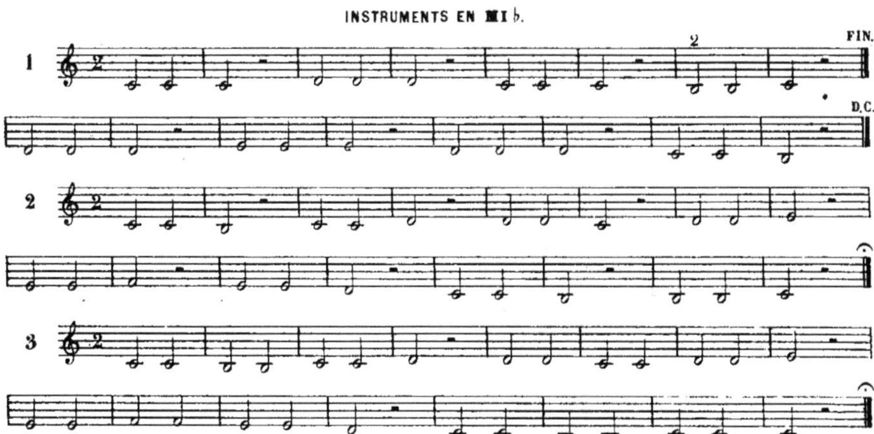

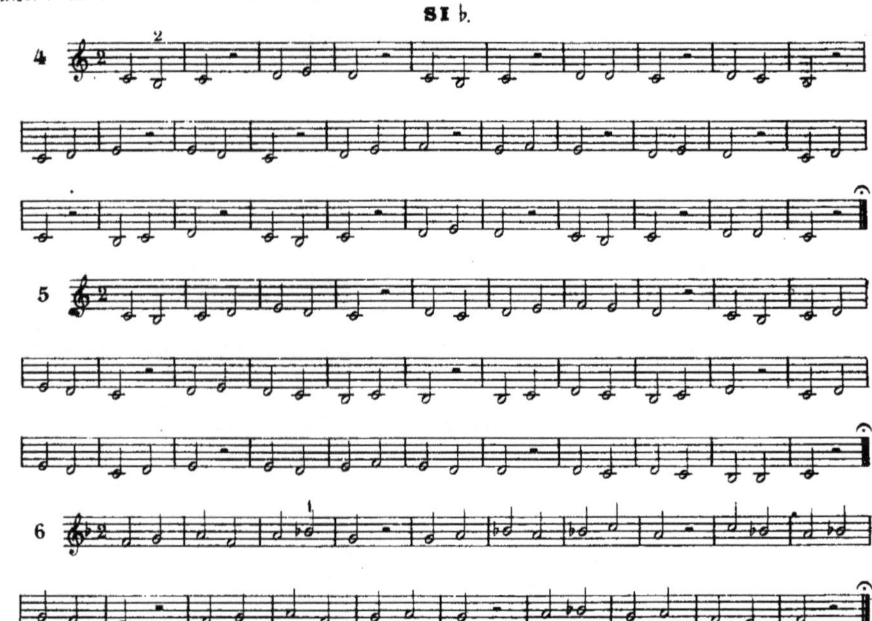
SI ♭.

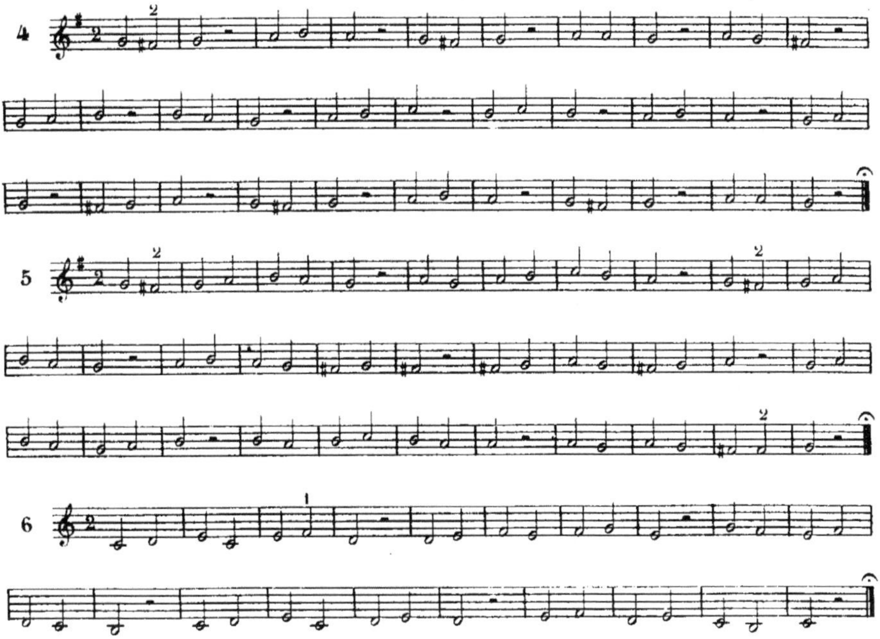

MI ♭.

4

5

6

SI ♭.

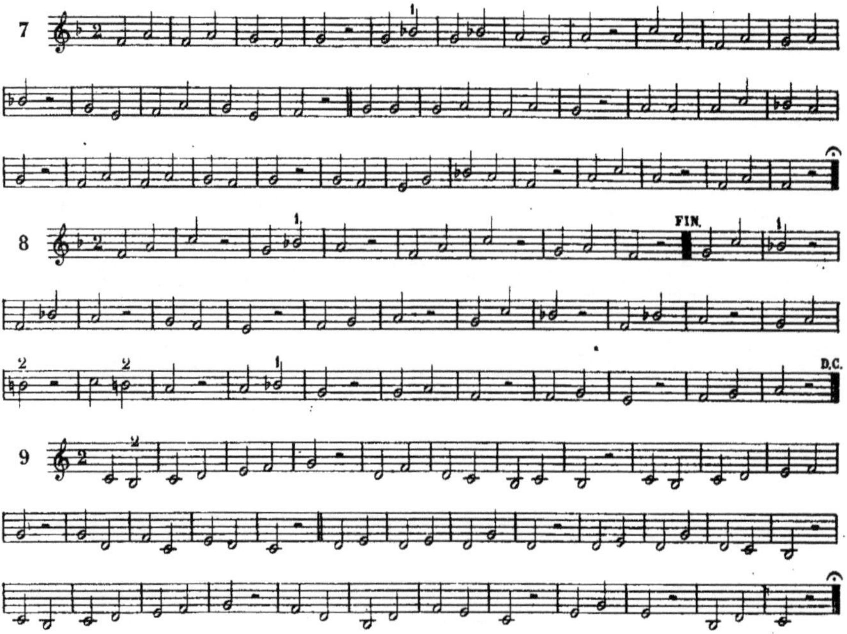

7

8

FIN.

D.C.

9

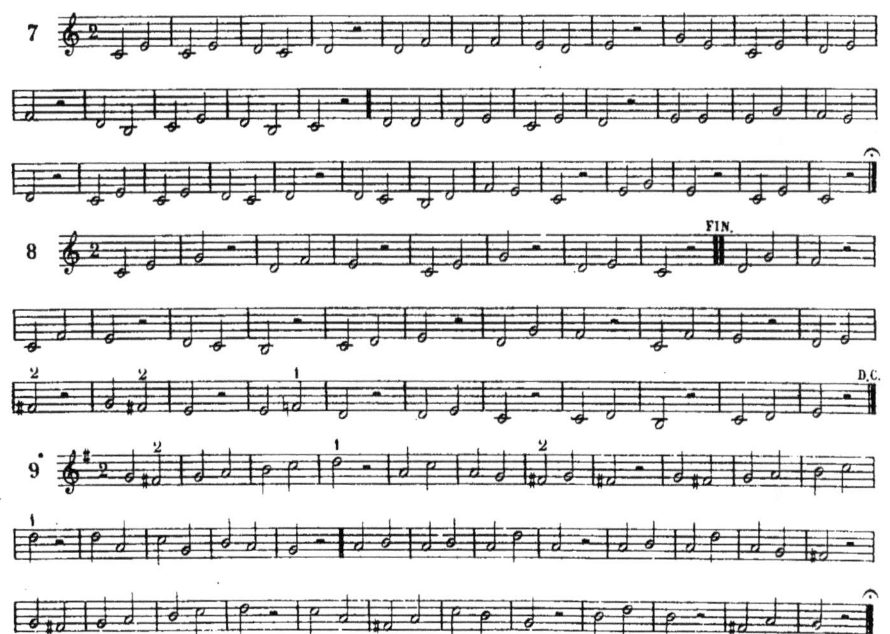
7
8
FIN.
D.C.
9

SI b.

10

11

12

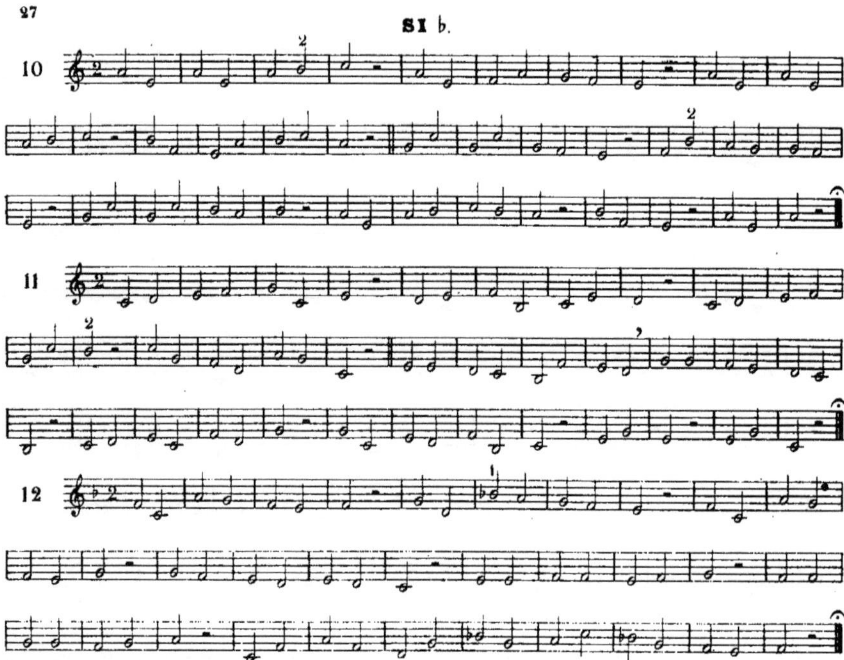

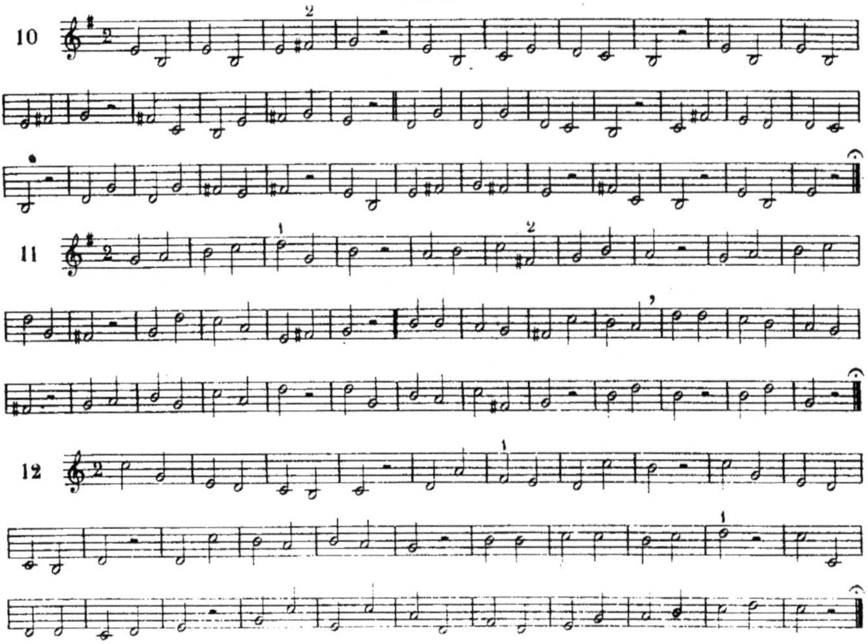

MI ♭.

10

11

12

MESURE A DEUX TEMPS, dite à *DEUX-QUATRE.*

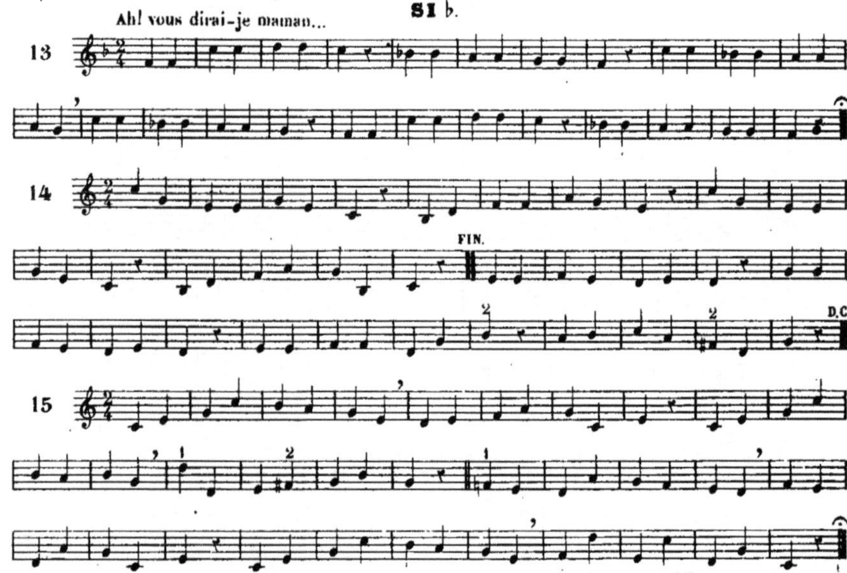

MESURE A DEUX TEMPS dite à *DEUX-QUATRE.*

MI ♭

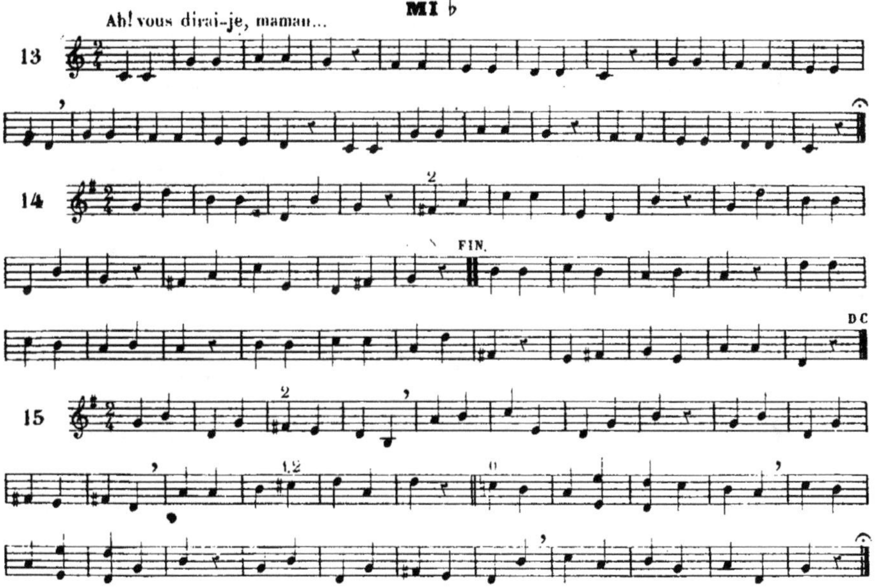

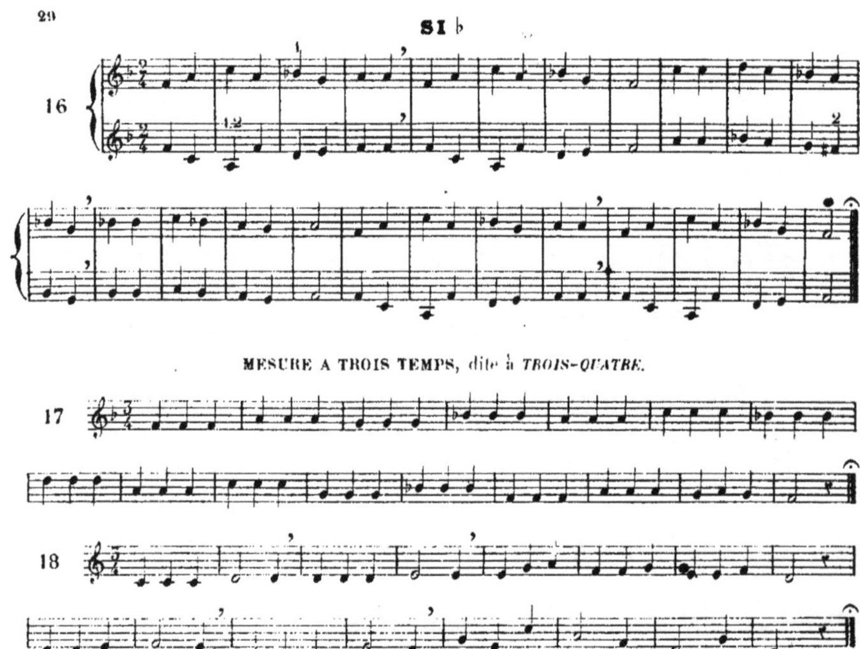
SI ♭
16
MESURE A TROIS TEMPS, dite à TROIS-QUATRE.
17
18

MI ♭

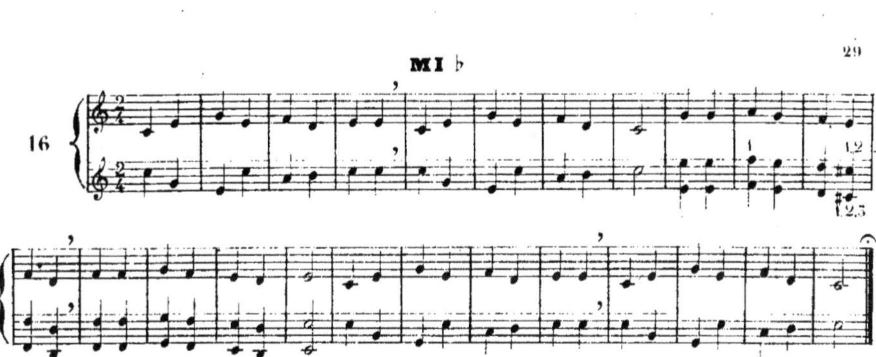

MESURE A TROIS TEMPS, dite à *TROIS-QUATRE.*

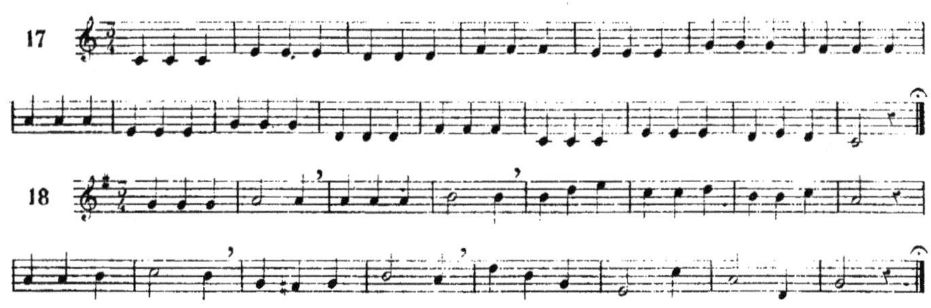

SI ♭

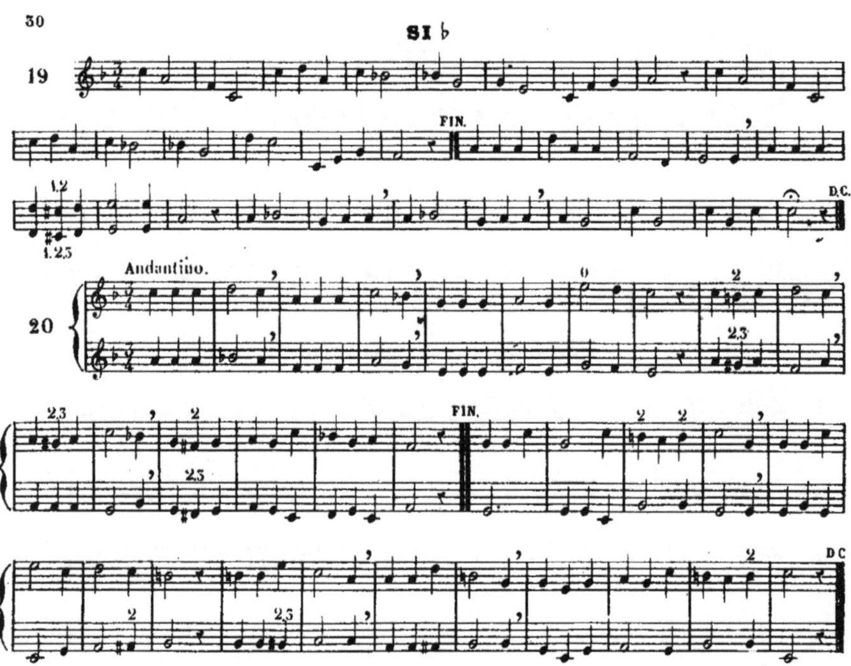

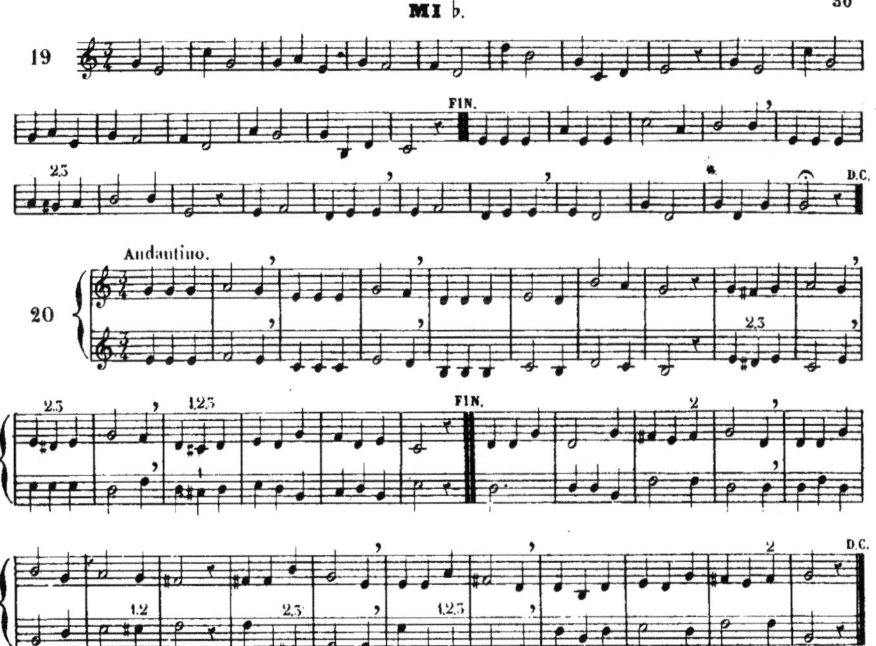

19
FIN.
23
D.C.
Andantino.
20
23
23
2
FIN.
2
D.C.
1.2
2.3
1.2.3

MESURE A QUATRE TEMPS.

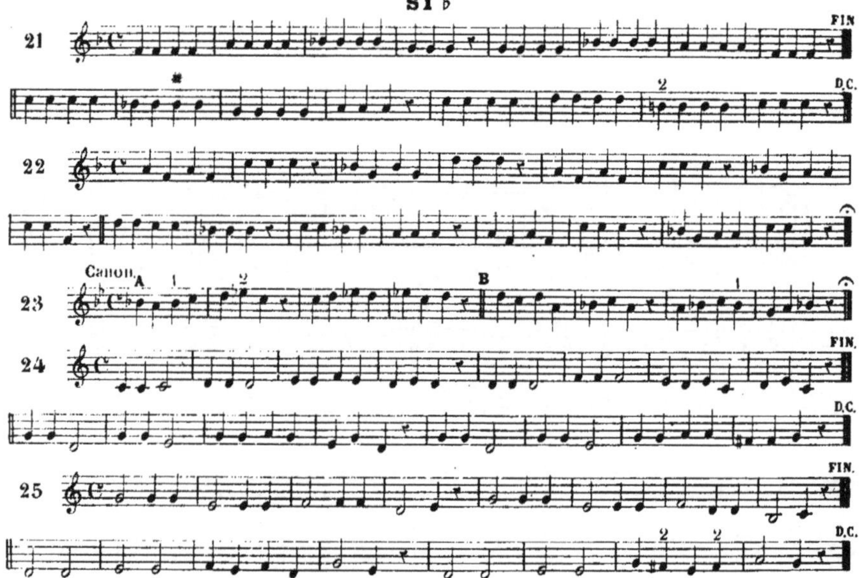

MESURE A QUATRE TEMPS.

MI ♭

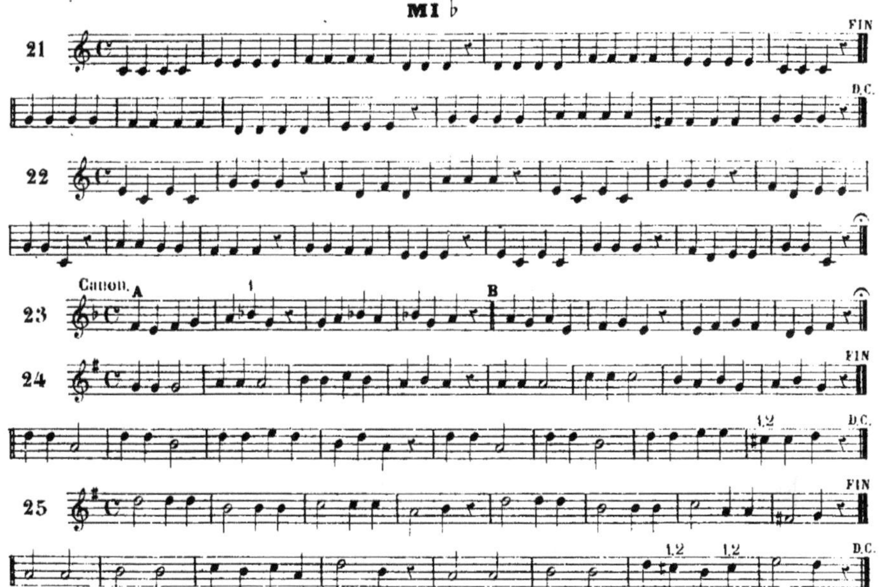

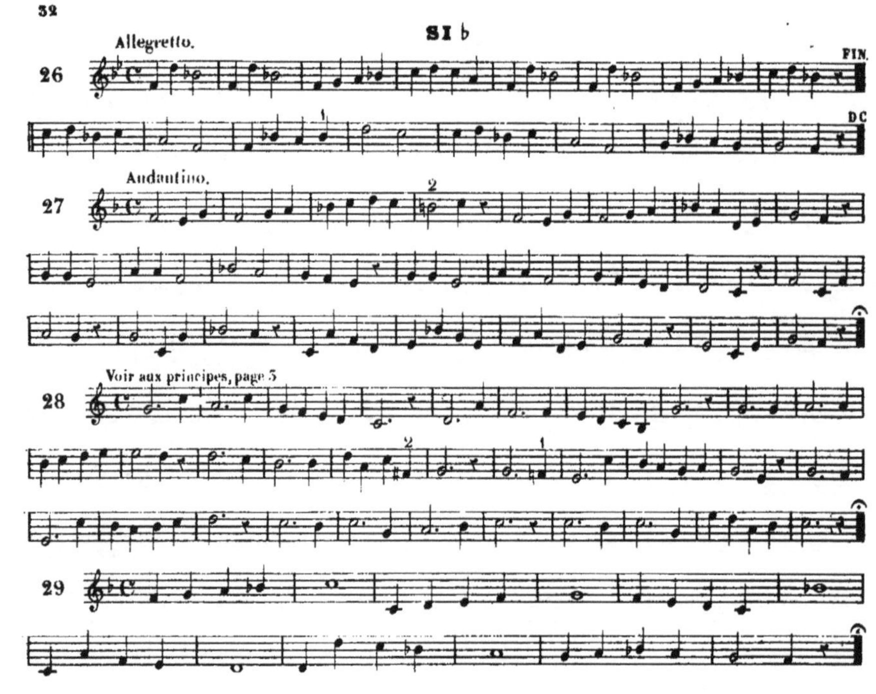
Allegretto.
SI ♭
FIN.
26
DC
Andantino.
27
Voir aux principes, page 5
28
29

MI ♭

Allegretto.
26
FIN.
D.C.
Andantino.
27
(Voir aux principes, page 5)
28
1.2.3
0
2
29
1

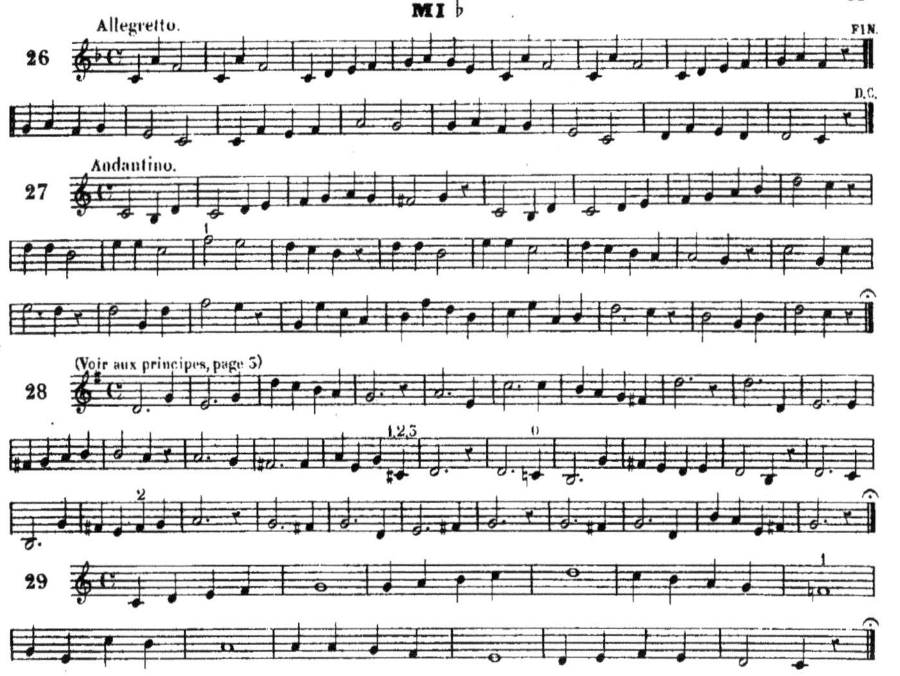

SI ♭

30

FIN.

25

D.C.

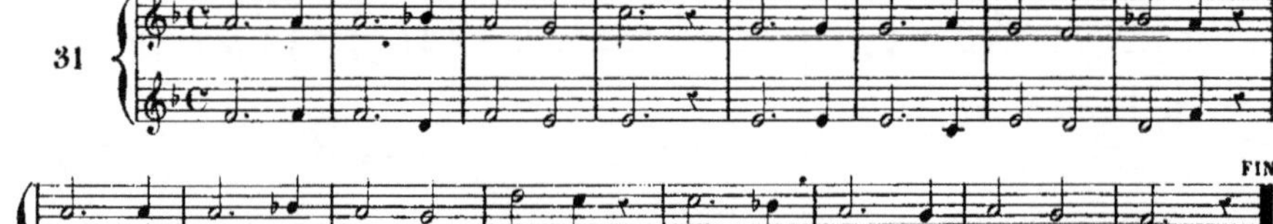

31

FIN.

D.C.

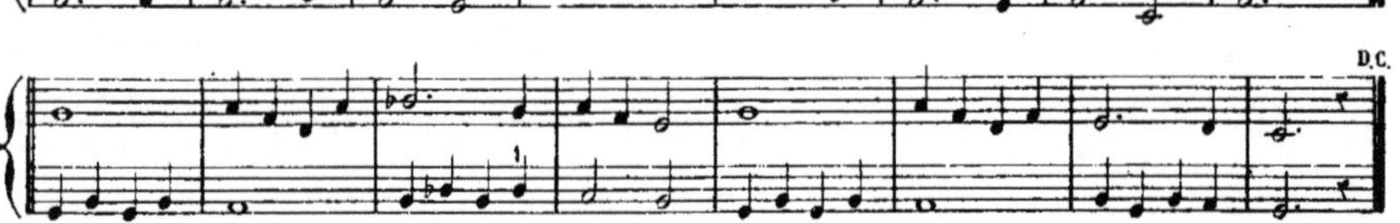

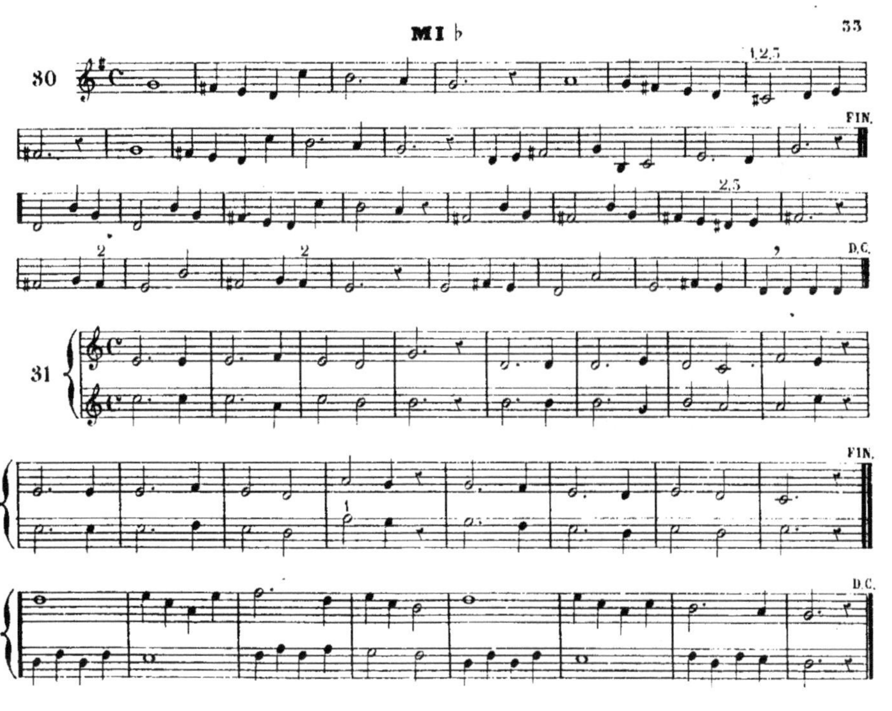
MI ♭
30
1.2.3
FIN.
2.3
2
2
D.C.
31
FIN.
D.C.

EXERCICES SUR LES CROCHES.

(Voir aux principes, page 2)

SI ♭

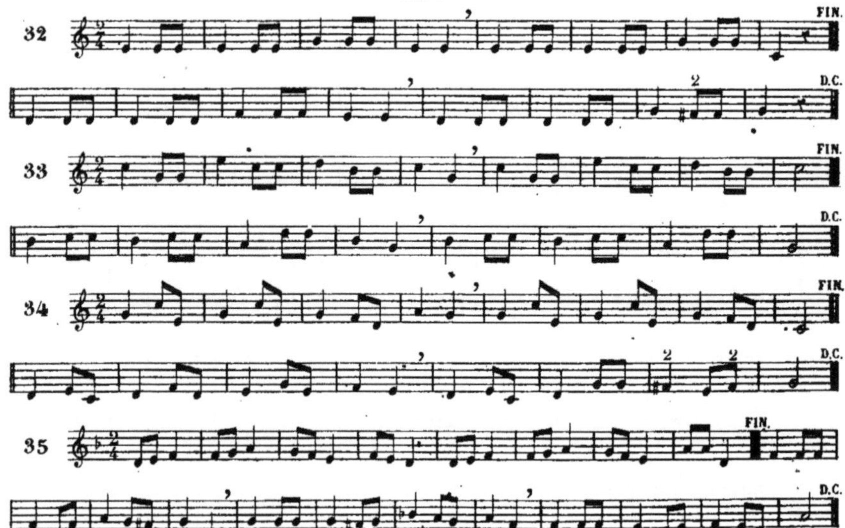

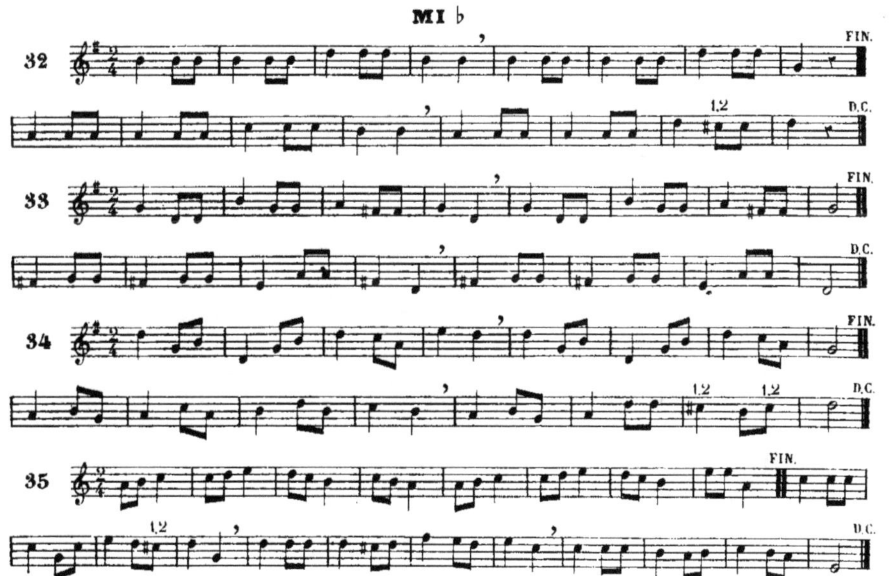

EXERCICES SUR LES CROCHES.
(Voir aux principes, page 2)
MI ♭
32
FIN.
1.2
D.C.
33
FIN.
D.C.
34
FIN.
1.2   1.2
D.C.
35
FIN.
1.2
D.C.

55
SI b
36
FIN.
D.C.
37
38
FIN.
D.C.
Andantino.
39
FIN.
D.C.

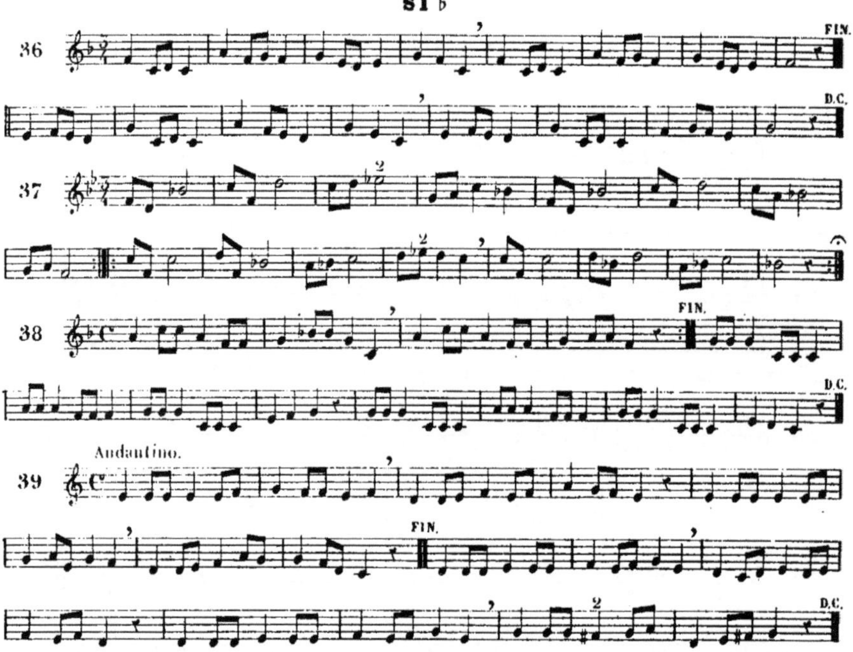

FIN.
36
D.C.
37
38
FIN.
D.C.
Andantino.
39
FIN.
1.2
D.C.

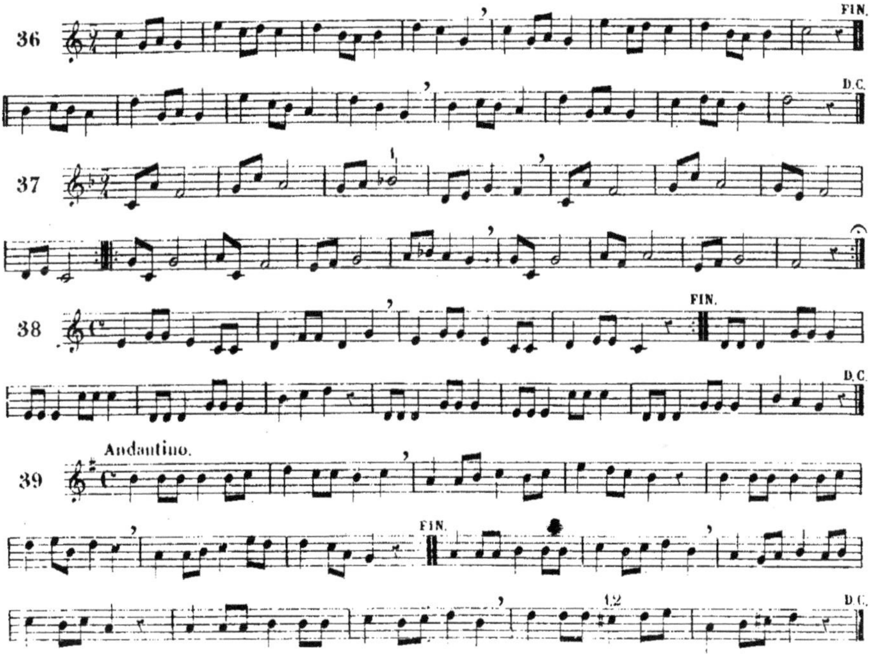

SI ♭
Adagio.
40
2   2 1
Risoluto.
41
Cantabile.
42

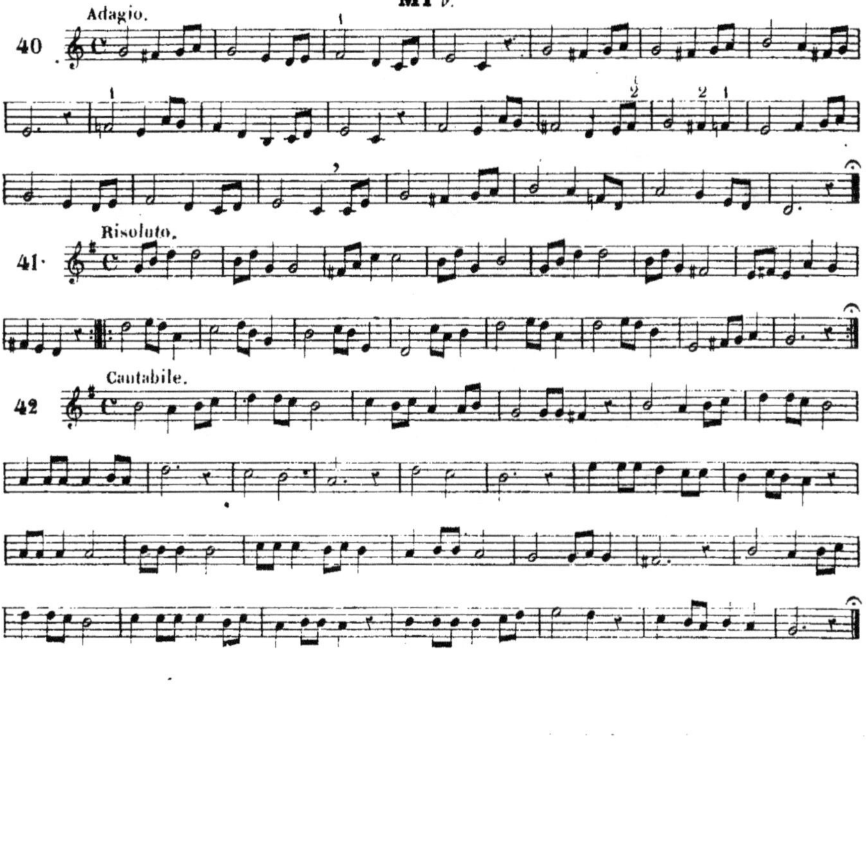

Adagio.

40

Risoluto.

41

Cantabile.

42

SI ♭.

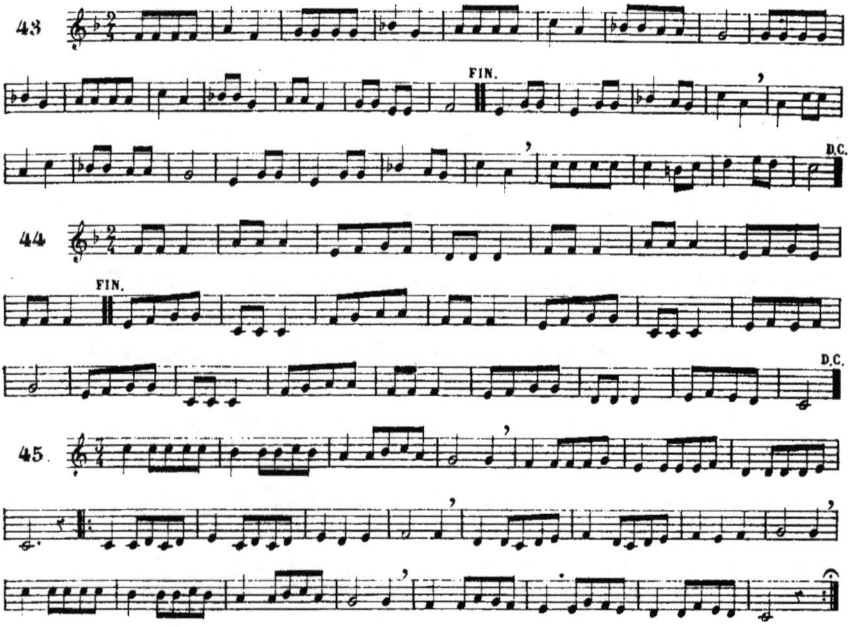

43

FIN.

D.C.

44

FIN.

D.C.

45

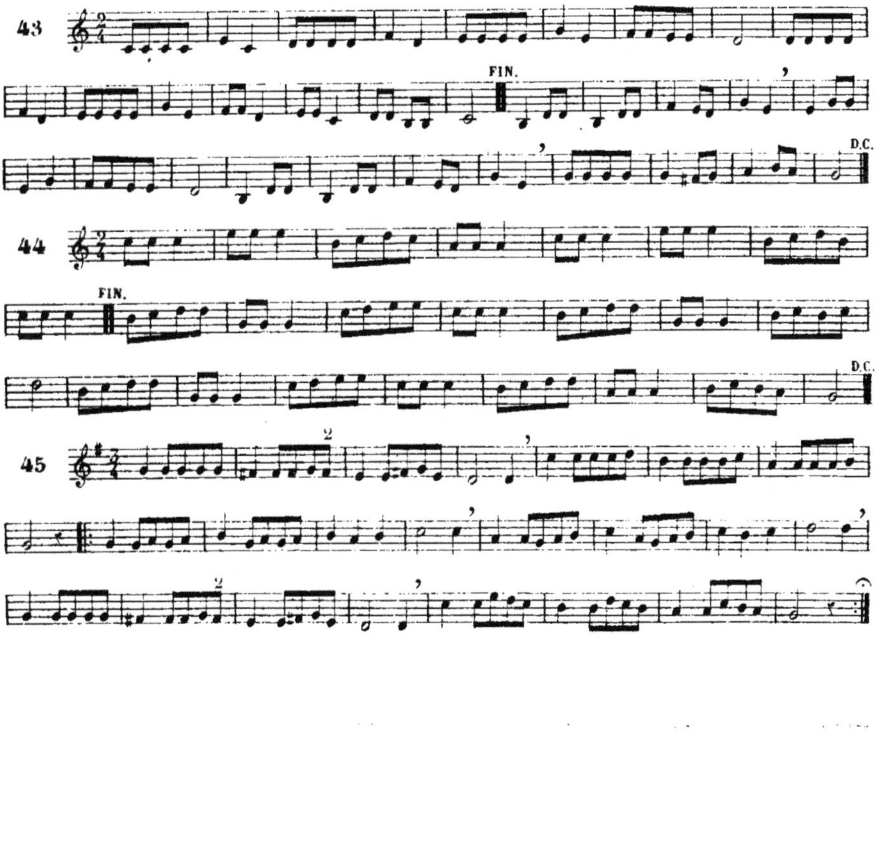

43
FIN.
D.C.
44
FIN.
D.C.
45
2
2

SI ♭.

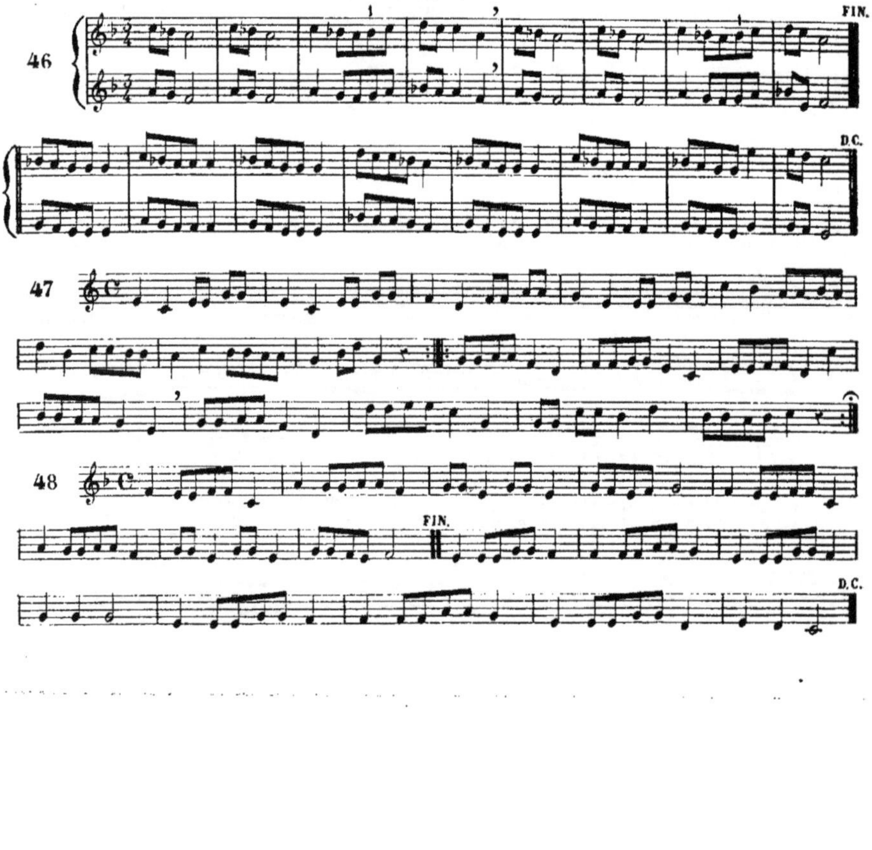

MI b.
3ĸ
46
FIN.
D.C.
47
2
2
2
FIN.
48
FIN.
D.C.

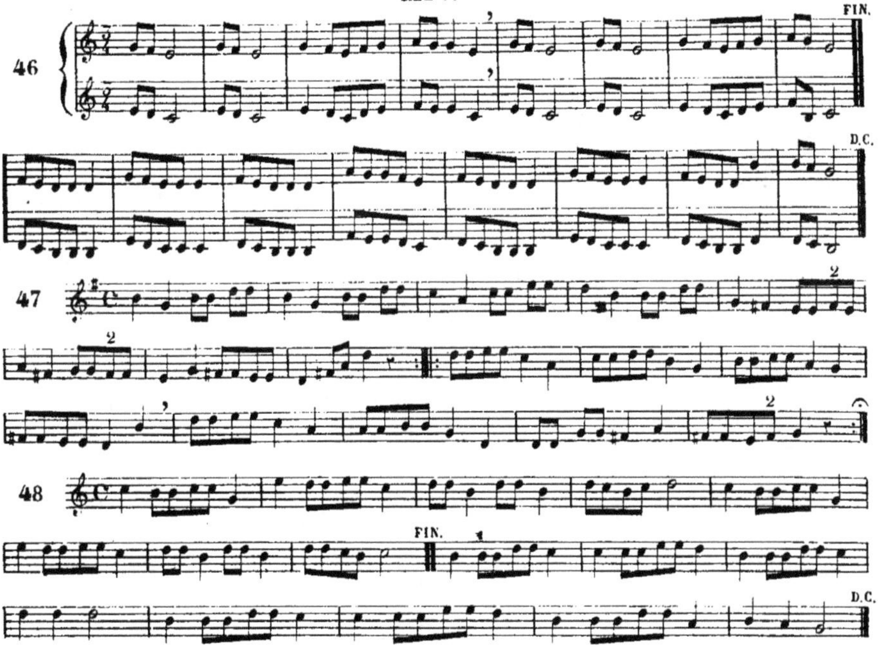

39
SI b.
49
50
FIN.
D.C.
51
12
23

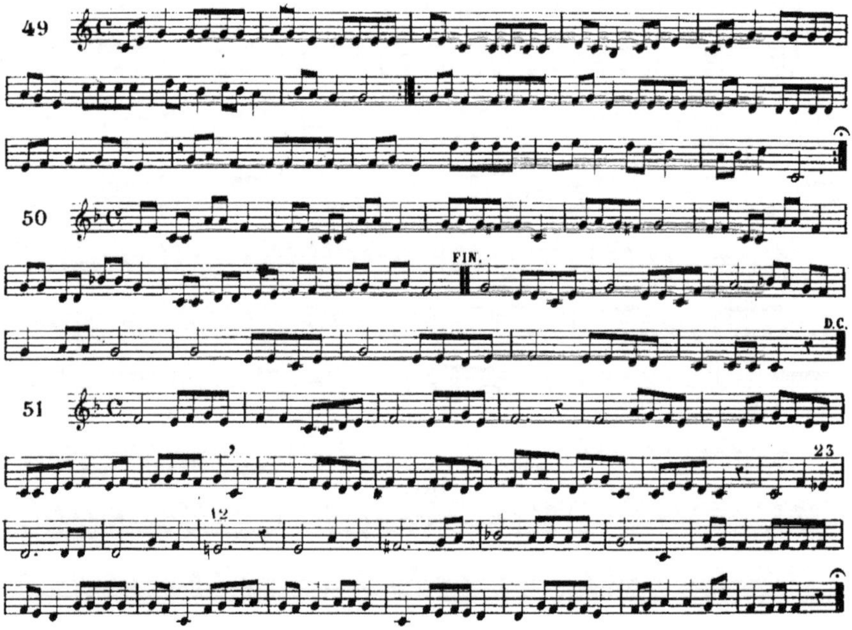

49

2

50

1.2

FIN.

D.C.

51

2

12

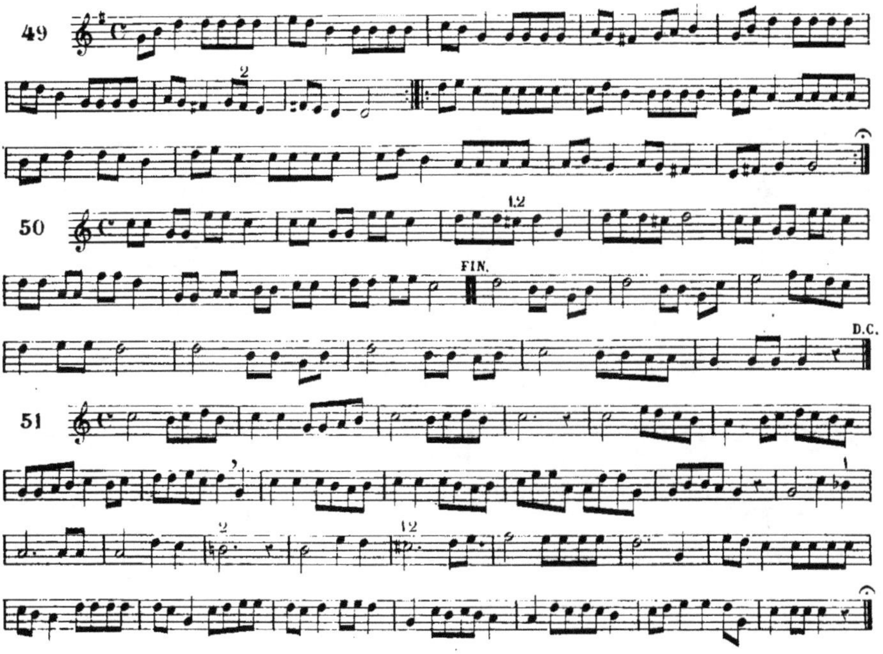

LIAISON.

(Voir aux principes, page 2)

SI ♭.

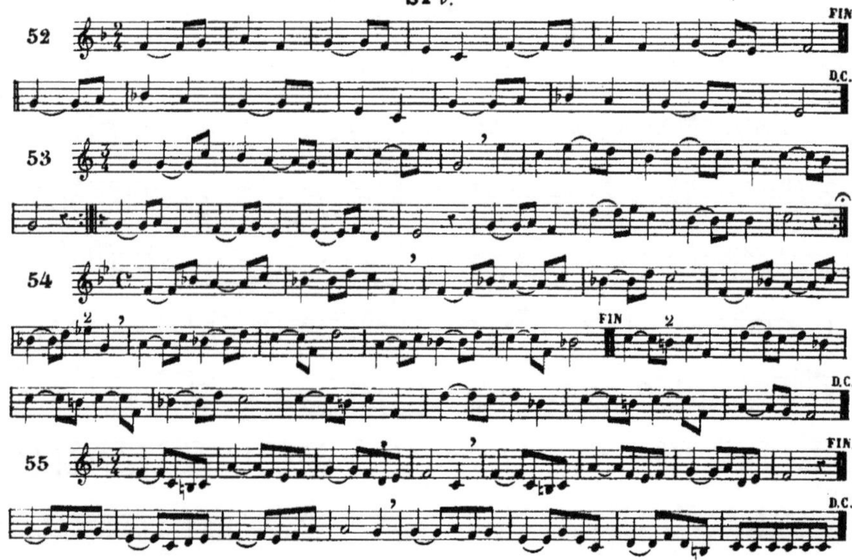

LIAISON.

(Voir aux principes, page 2)

MI ♭

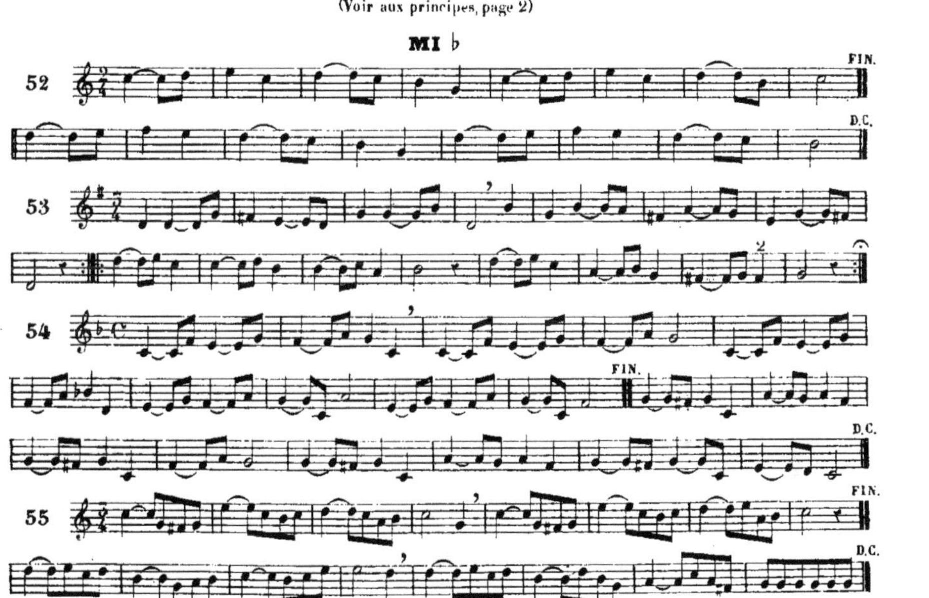

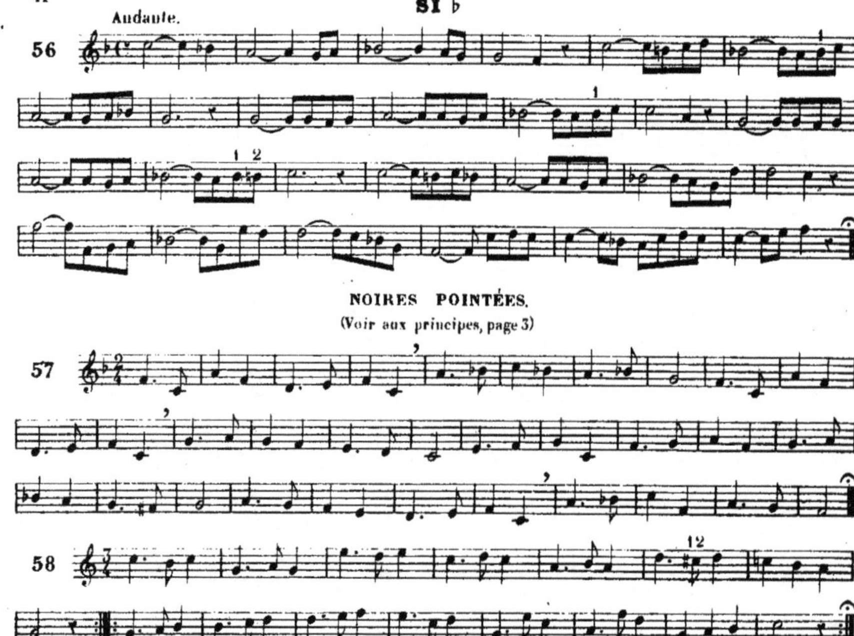
Andante.
SI ♭
56
NOIRES POINTÉES.
(Voir aux principes, page 3)
57
58

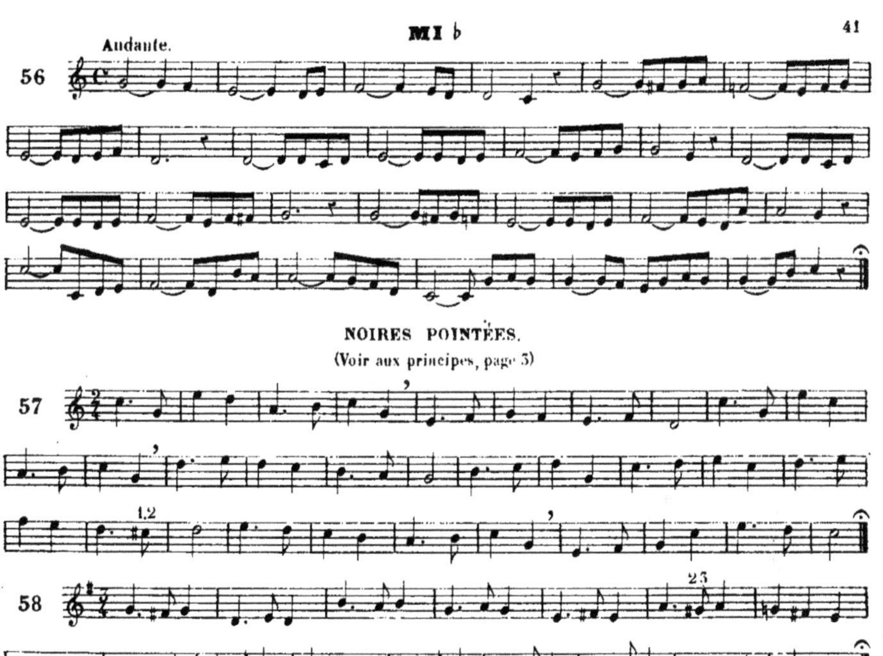

Andante.
56
NOIRES POINTÉES.
(Voir aux principes, page 5)
57
1,2
58
23

SI ♭

59

FIN.

D.C.

CROCHES POINTÉES.

60

61

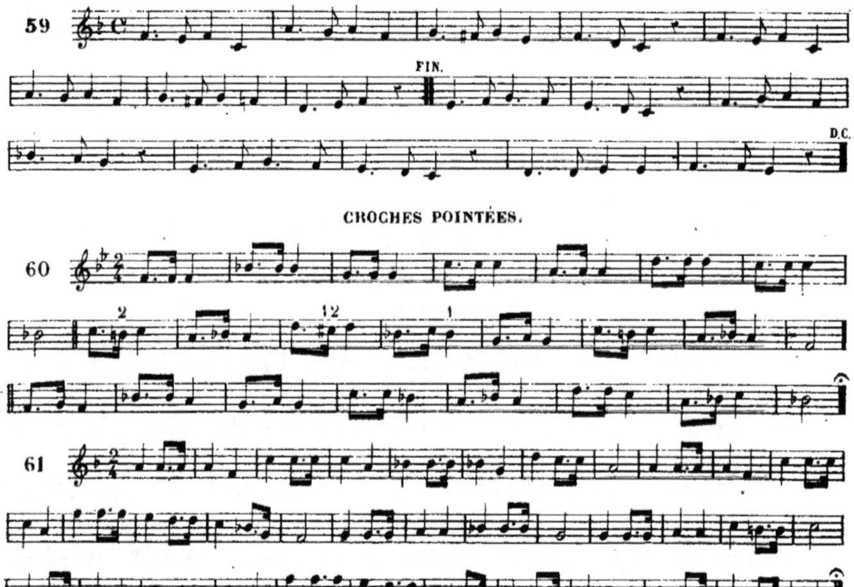

MI ♭

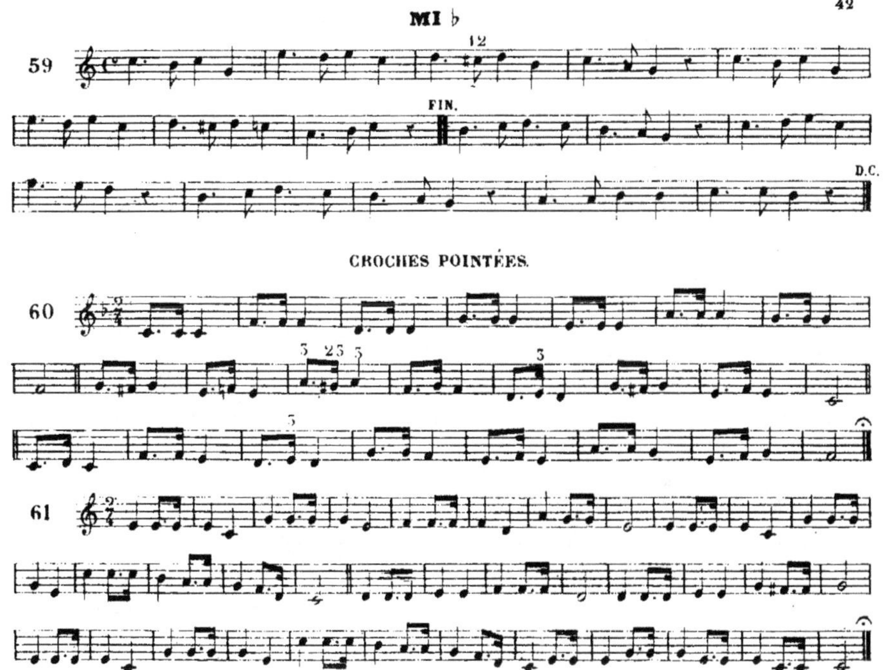

SI ♭

62

63

(Variation sur le N° 13)

64

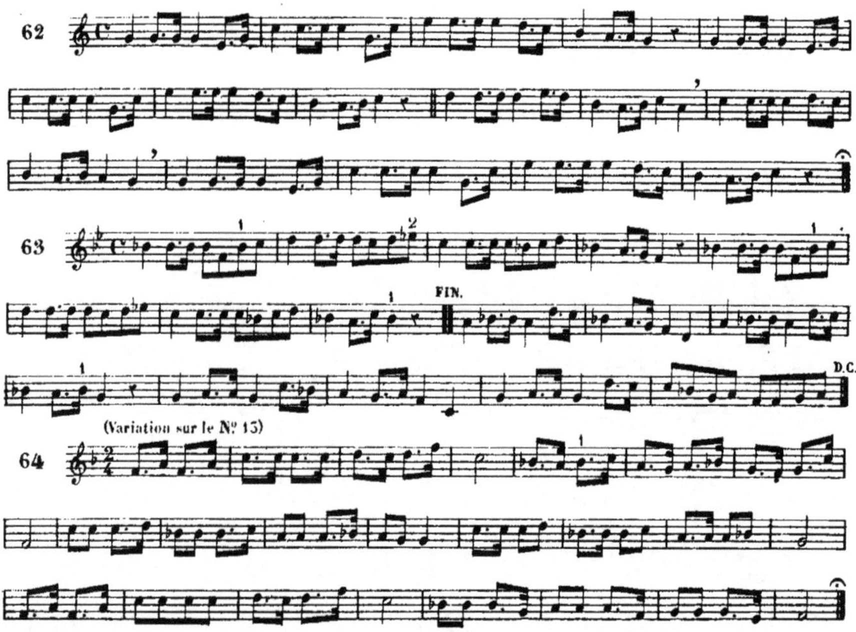

MI ♭

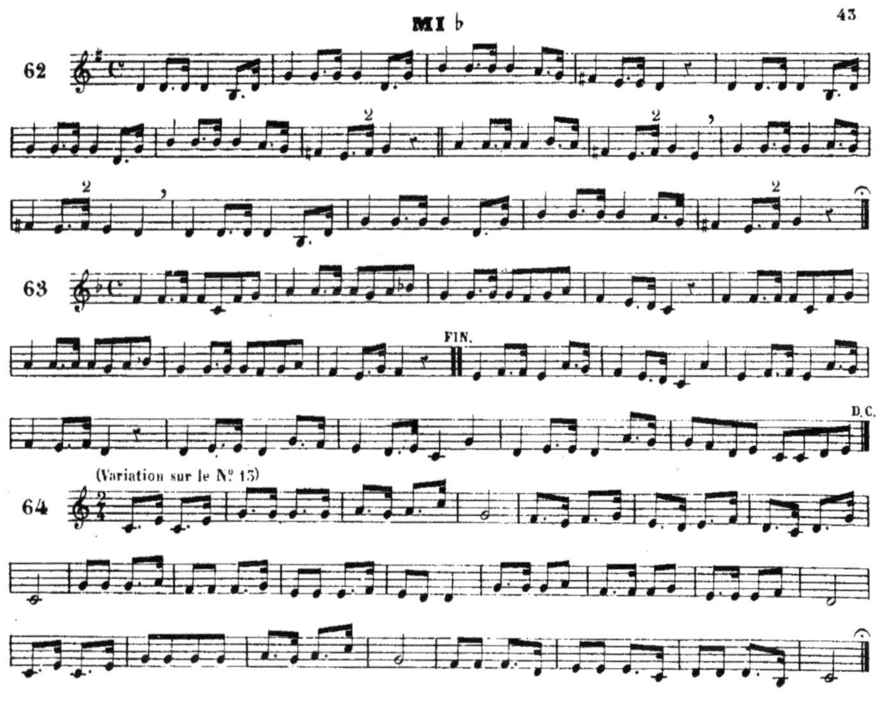

44
SI ♭
65 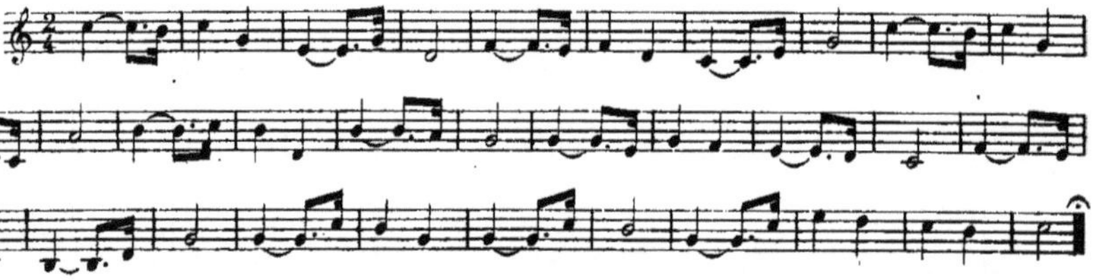
66
FIN.
D.C.

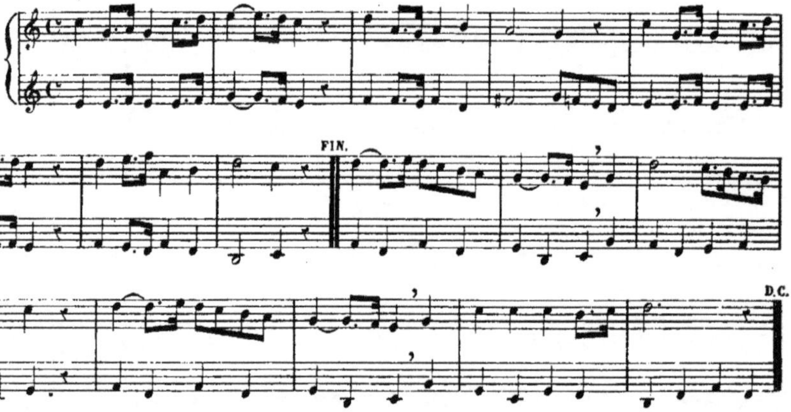

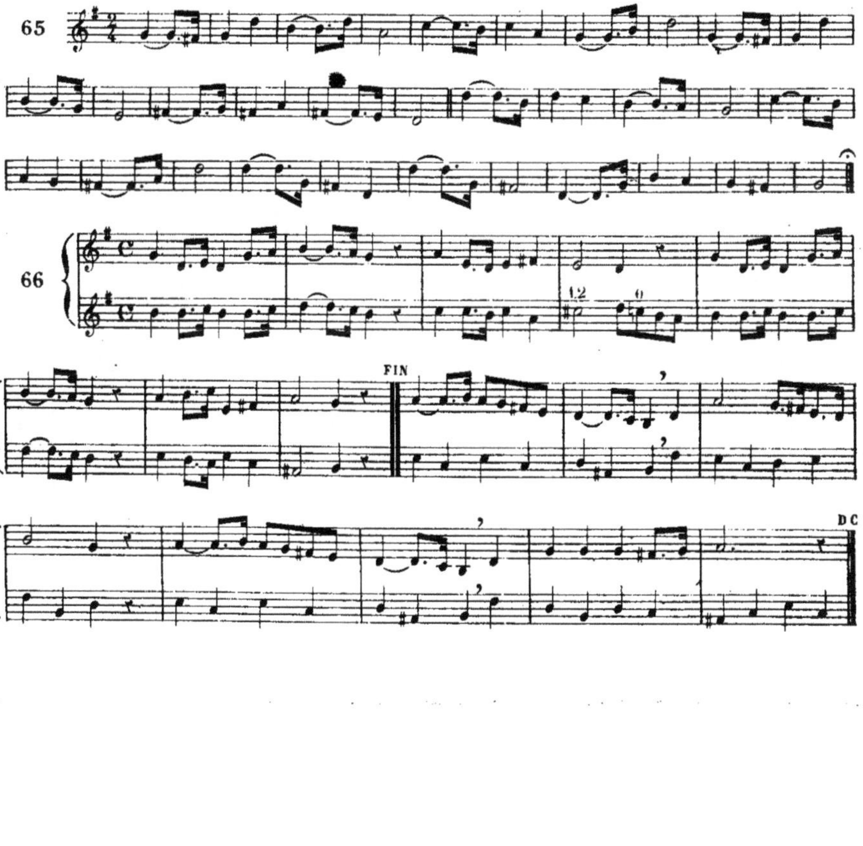

65
66
FIN
1. 2.
D C

MESURE A TROIS TEMPS, dite à *TROIS HUIT.*

Dans cette mesure, *la croche* vaut un temps.

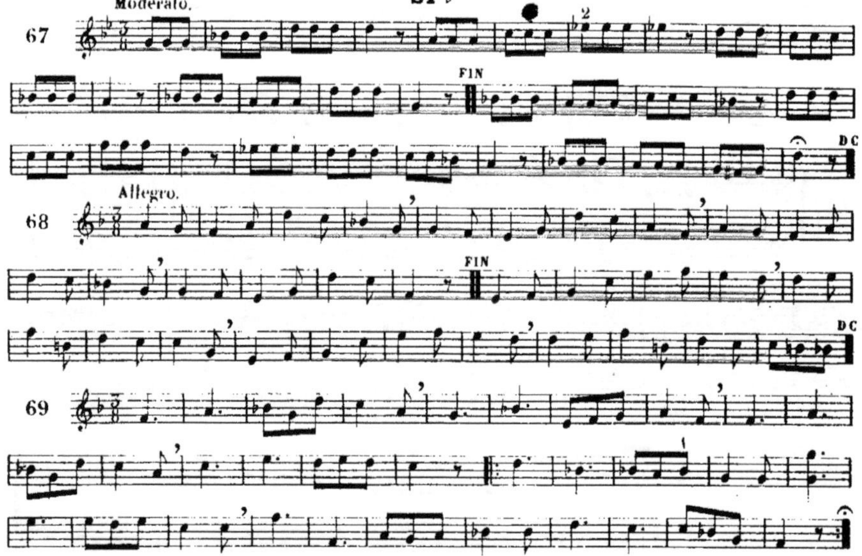

MESURE A TROIS TEMPS, dite à *TROIS HUIT*.

Dans cette mesure, *la croche* vaut un temps.

MI ♭

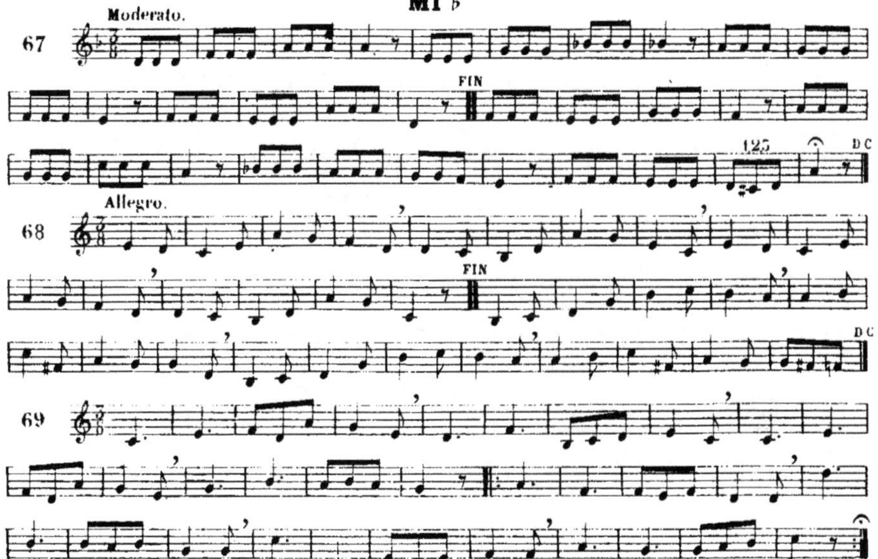

46
SI b
70 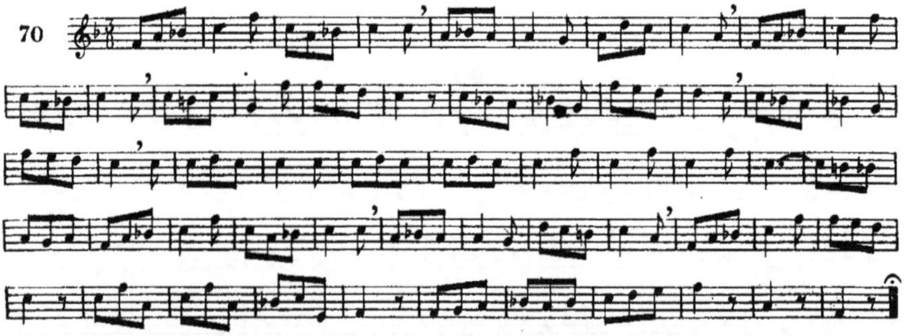
71

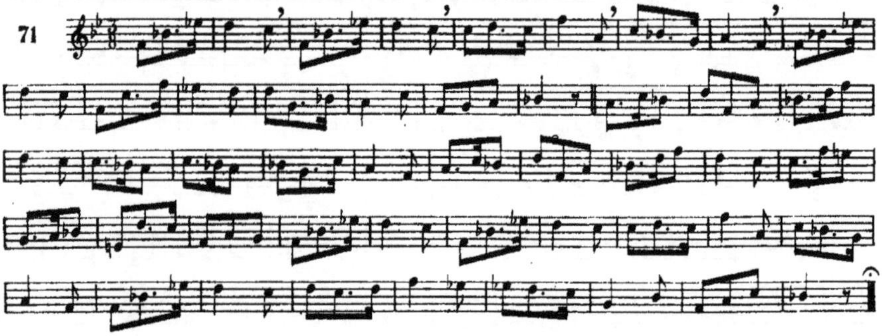

MI ♭
46
70 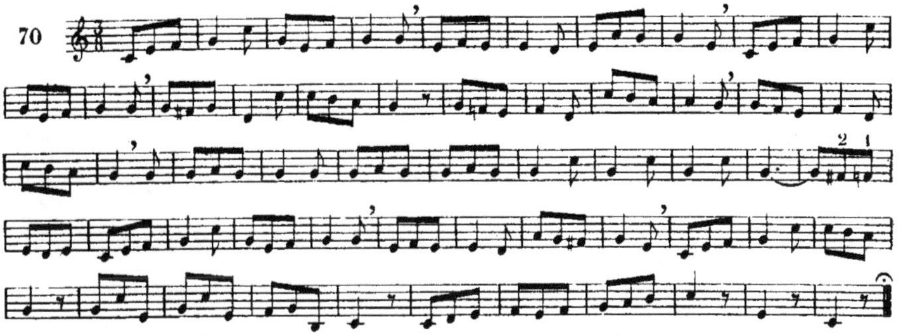
71
2 1
2

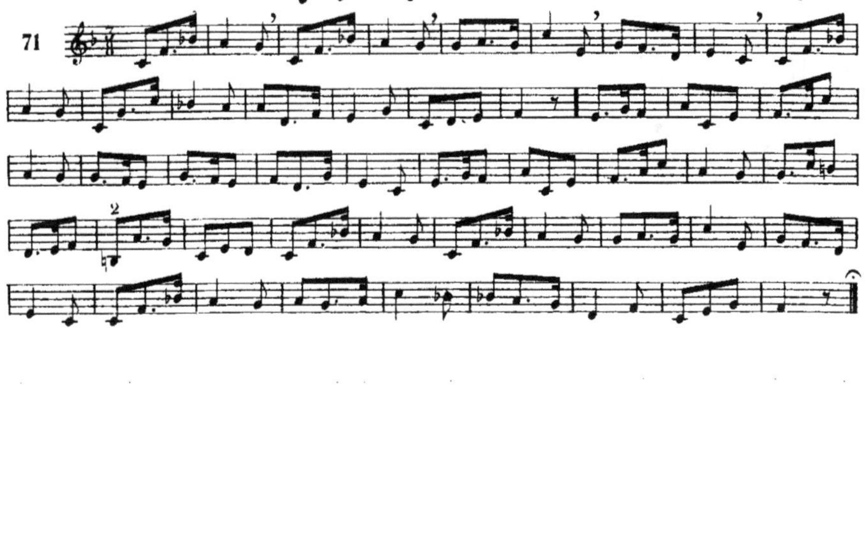

EXERCICES SUR LES *SILENCES*

PAUSE. DEMI-PAUSE. SOUPIR. DEMI-SOUPIR. (Voir aux principes, page 2)

SI ♭

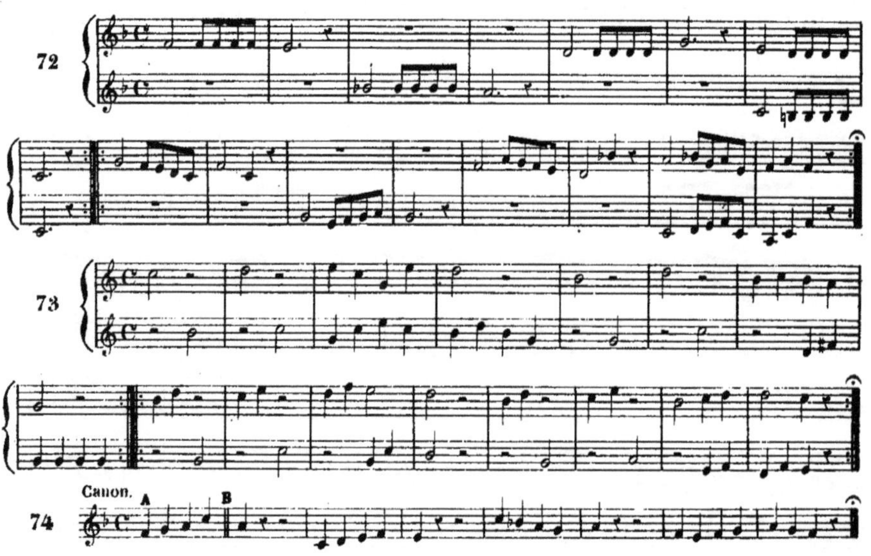

EXERCICES SUR LES *SILENCES*.

PAUSE. DEMI-PAUSE. SOUPIR. DEMI-SOUPIR. (Voir aux principes, page 2)

MI ♭

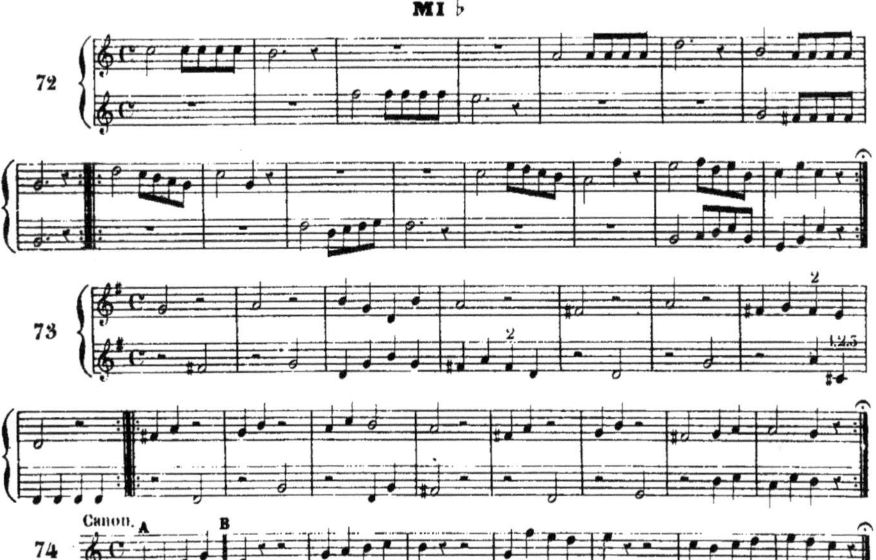

SI ♭

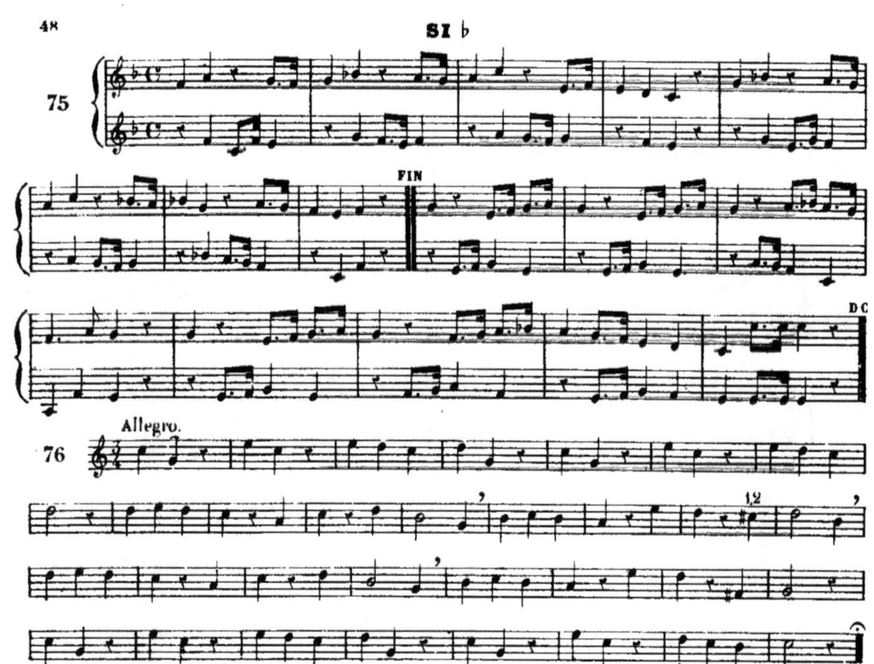

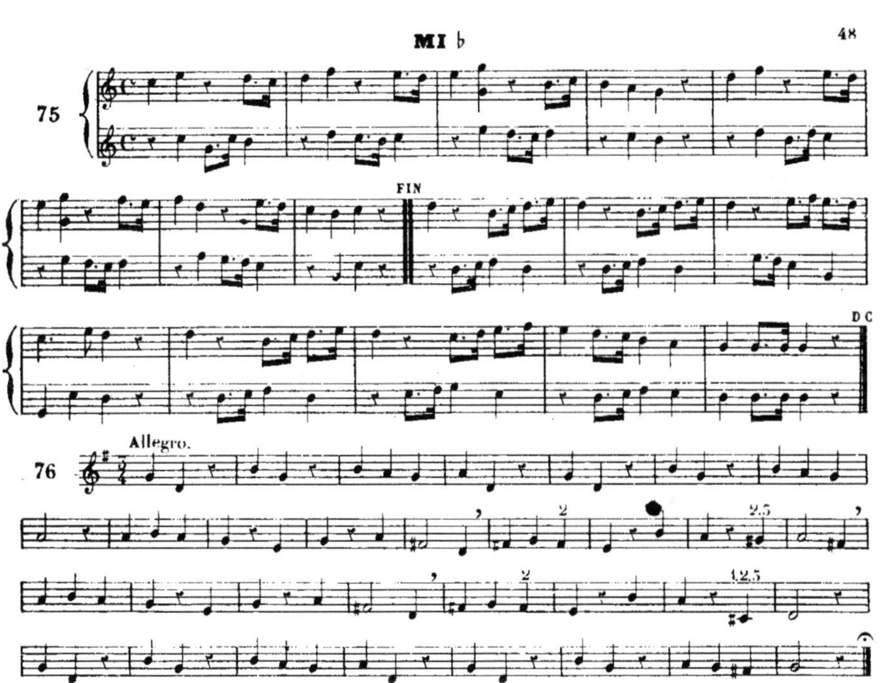
MI ♭
75
FIN
D C
76
Allegro.

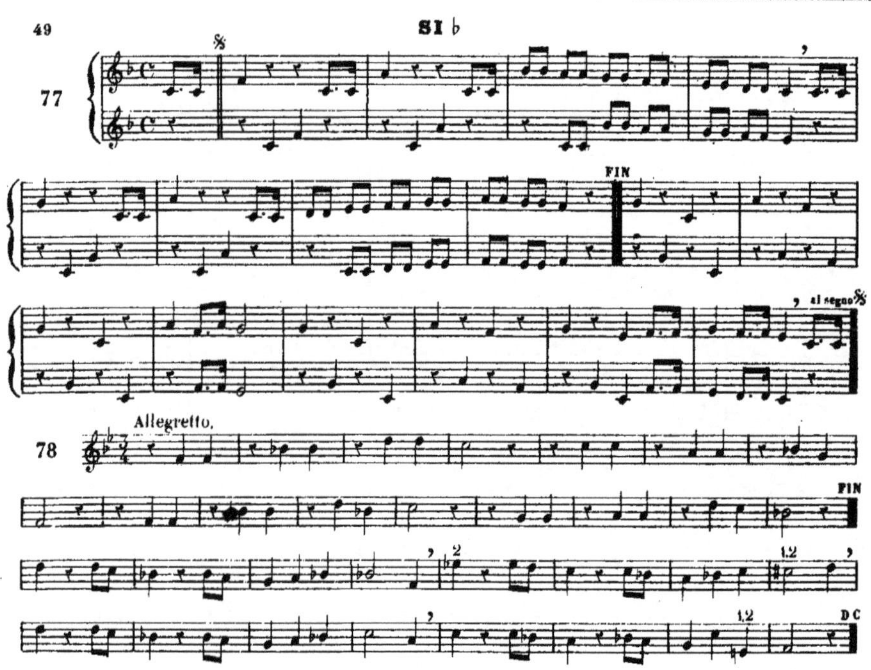
SI ♭
77
FIN
al segno
Allegretto.
78
FIN
2
12
DC
12

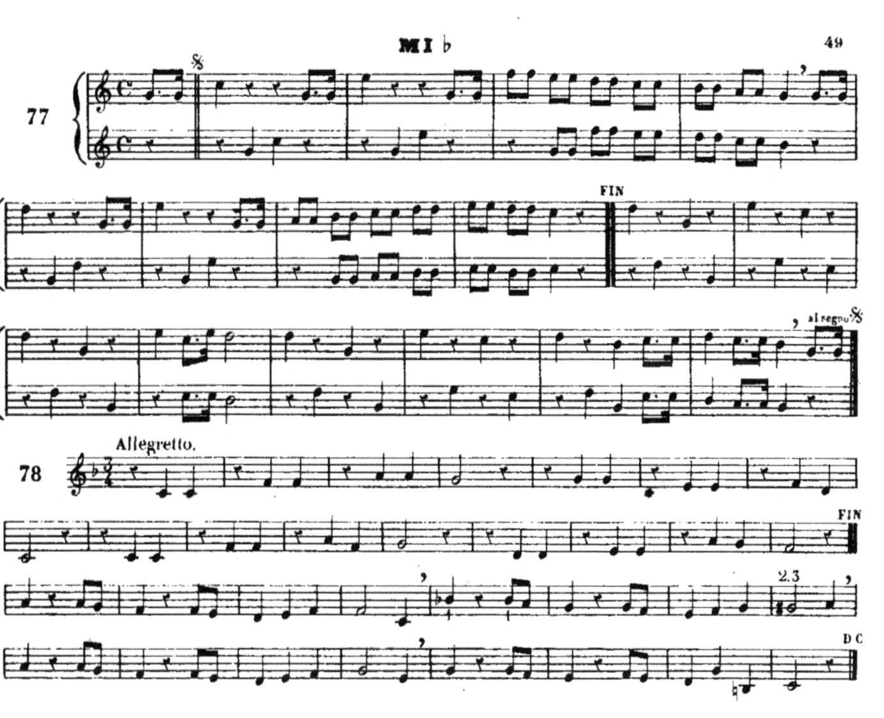
MI b
49
77
FIN
al segno
Allegretto.
78
FIN
2.3
D C

50
SI b
79
FIN.
D C
80
FIN
D C
81
1ª
2ª

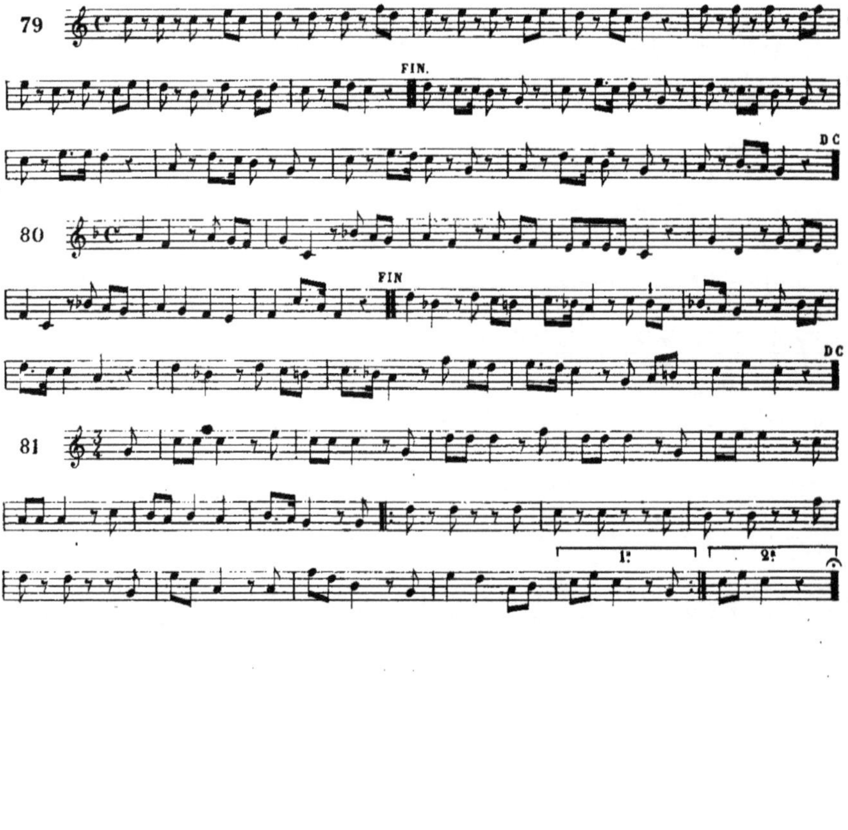

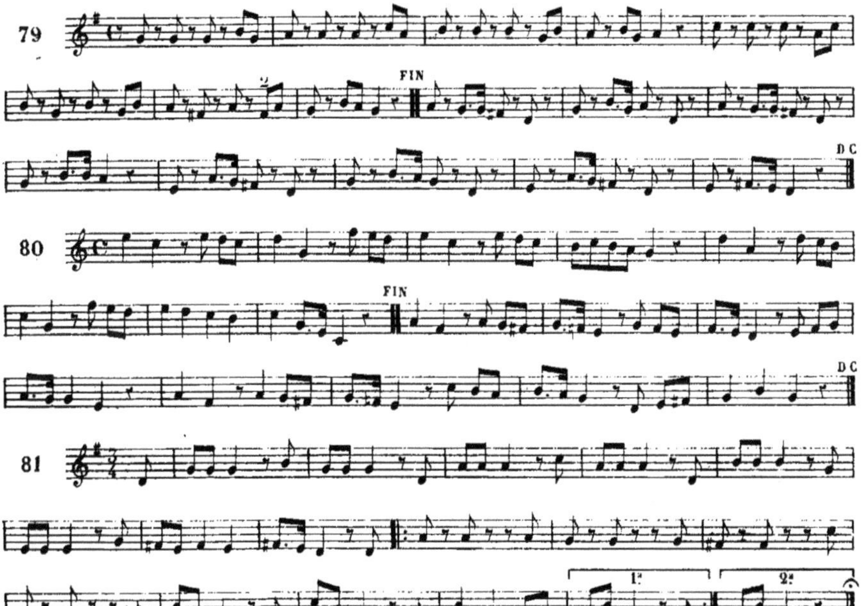

MI ♭
79
FIN
D C
80
FIN
D C
81
1ª
2ª

EXERCICES SUR LE DOIGTÉ CHROMATIQUE.

SI ♭

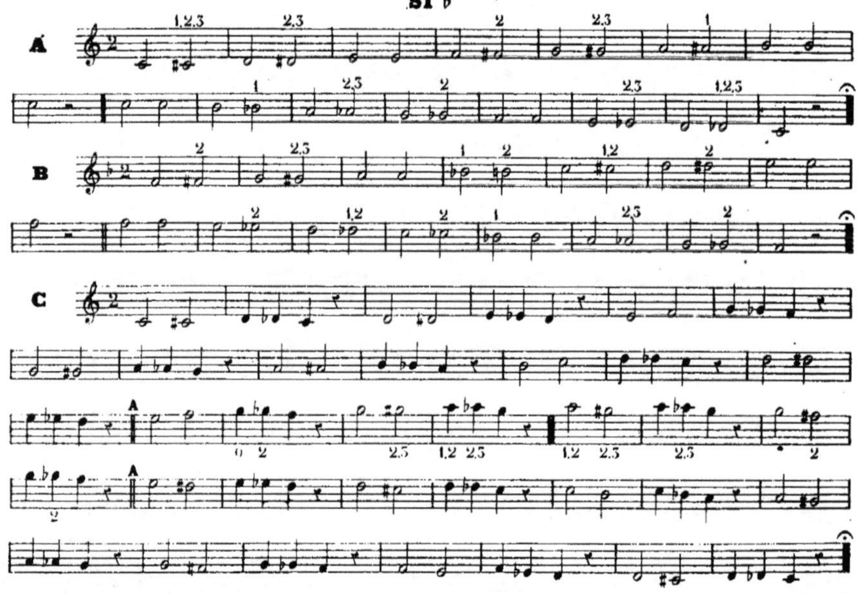

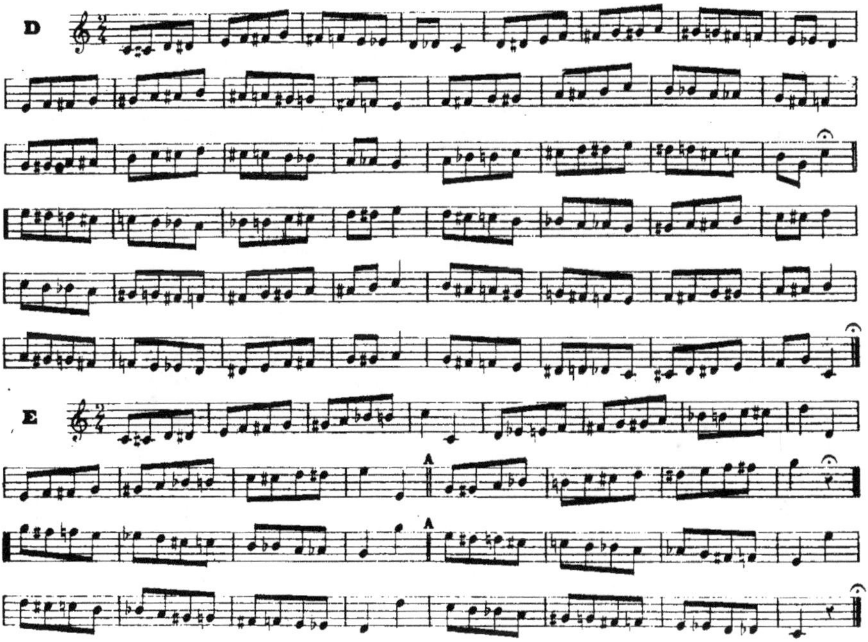

D

E

GAMME DES TONS LES PLUS USITÉS.

(Voir aux principes, page 8 et suivantes)

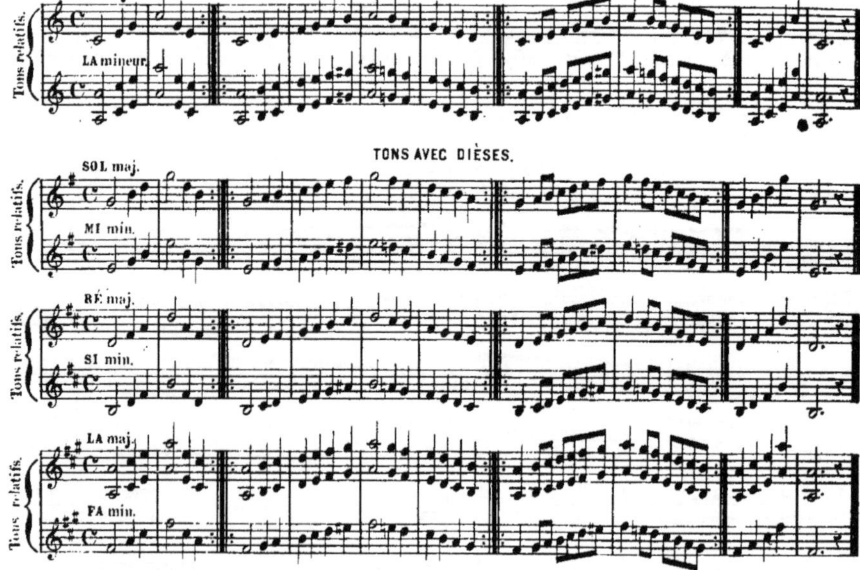

TONS AVEC BÉMOLS.

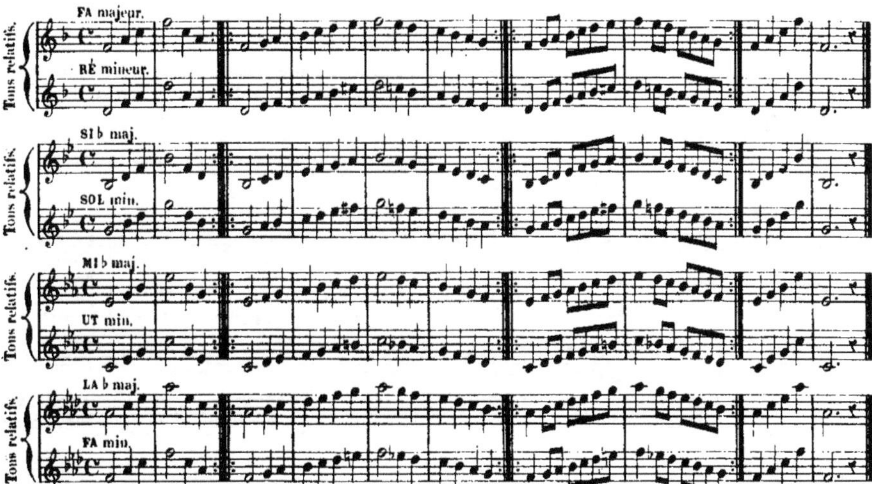

Si l'on voulait faire travailler ces exercices par les instruments en *Si* ♭ et en *Mi* ♭ simultanément, il faudrait distribuer les tons ainsi:

Instruments en Si♭.	UT majeurs	LA mineurs	SOL maj.	MI min.	RÉ maj.	SI min.	FA maj.	RÉ min.	SI♭ maj.	SOL min.	MI♭ maj.	UT min.	LA♭ maj.	FA min.
Instruments en Mi♭.	SOL	MI	RÉ	SI	LA	FA♯	UT	LA	FA	RÉ	SI♭	SOL	MI♭	UT

MESURES COMPOSÉES.

MESURE A DEUX TEMPS, dite à *SIX-HUIT.*

Dans cette mesure, la valeur du temps est représentée par la Noire pointée. Trois croches, ou une noire et une croche ne valent donc qu'un temps. La *blanche* pointée vaut *la mesure entière* (Voir aux principes, pages 3 et 4)

NOTA. Dorénavant les signes altératifs qui composent l'armure de la clef, ne seront plus écrits dans le cours des morceaux. Seuls les chiffres qui indiquent le doigté réveilleront de temps en temps l'attention de l'exécutant. (Voir aux principes, page 7)

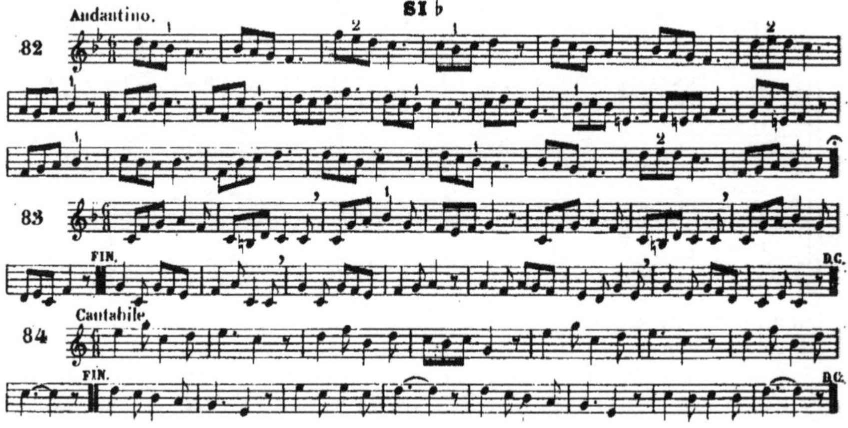

MESURES COMPOSÉES.

MESURE A DEUX TEMPS, dite à *SIX-HUIT*.

Dans cette mesure, la valeur du temps est représentée par la Noire pointée. Trois croches, ou une noire et une croche ne valent donc qu'un temps. La *blanche* pointée vaut *la mesure entière*. (Voir aux principes, pages 3 et 4)

NOTA. Dorénavant les signes altératifs qui composent l'armure de la clef, ne seront plus écrits dans le cours des morceaux. Seuls les chiffres qui indiquent le doigté réveilleront de temps en temps l'attention de l'exécutant. (Voir aux principes, page 7)

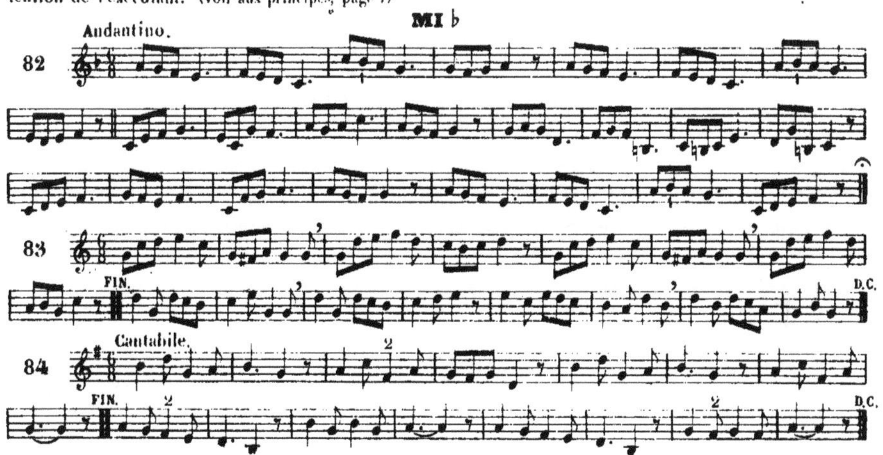

SI ♭

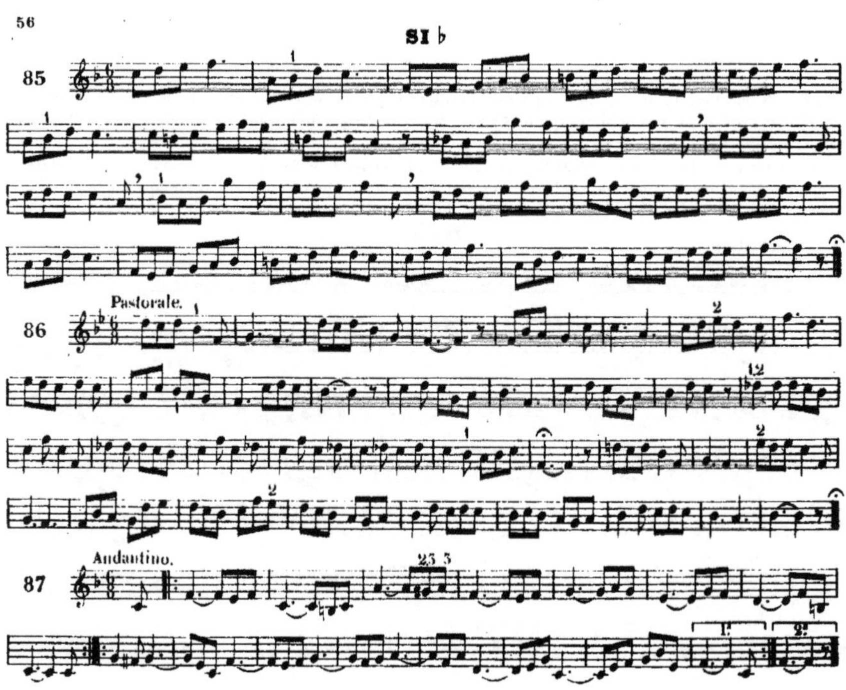

85
86 Pastorale.
23
87 Andantino.
1.
2.

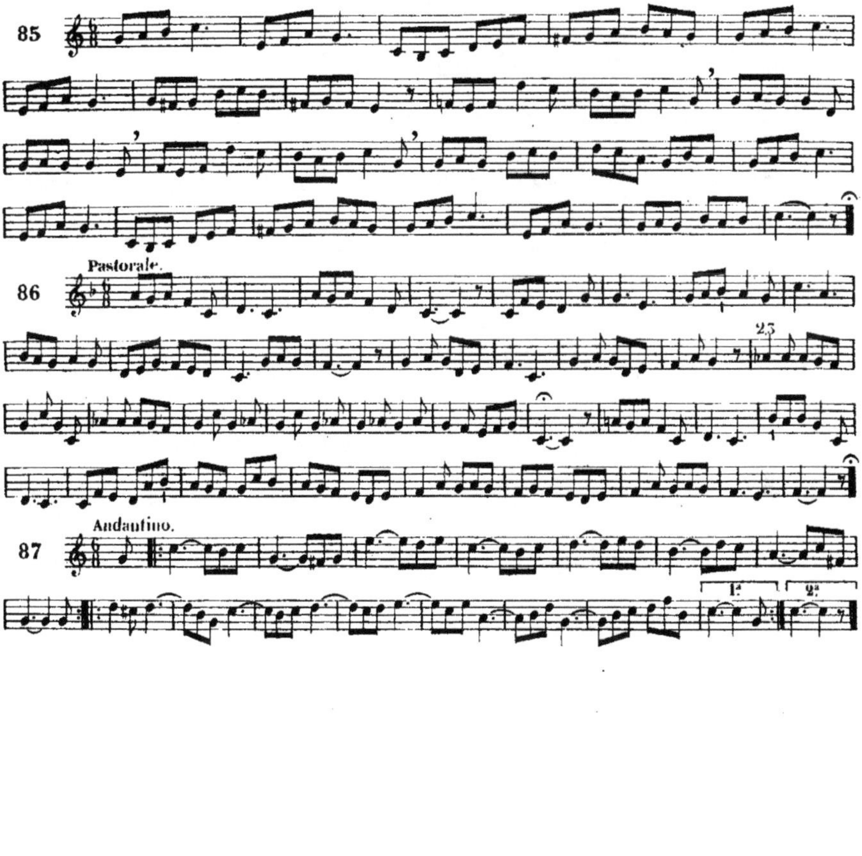

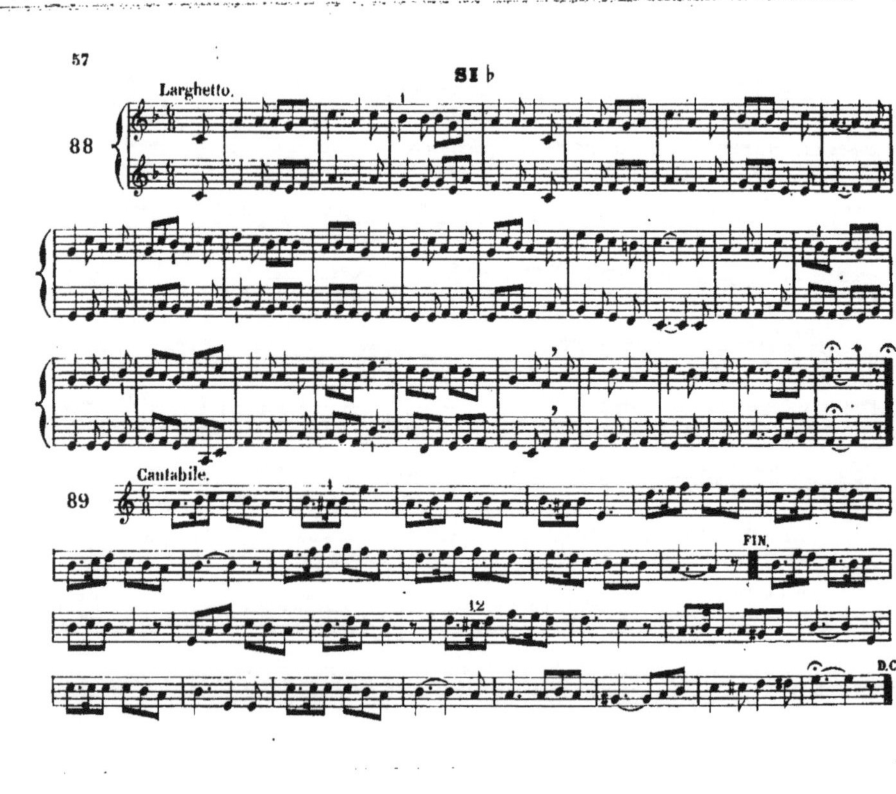
57
Larghetto.
SI b
88
89
Cantabile.
FIN.
D.C.

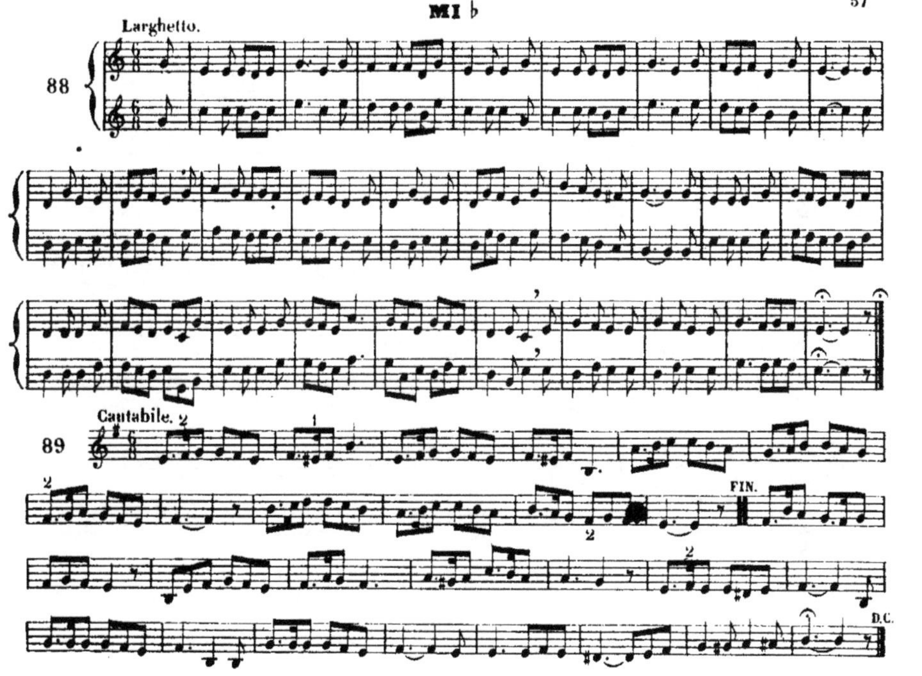
Larghetto.
88
Cantabile.
89
FIN.
D.C.

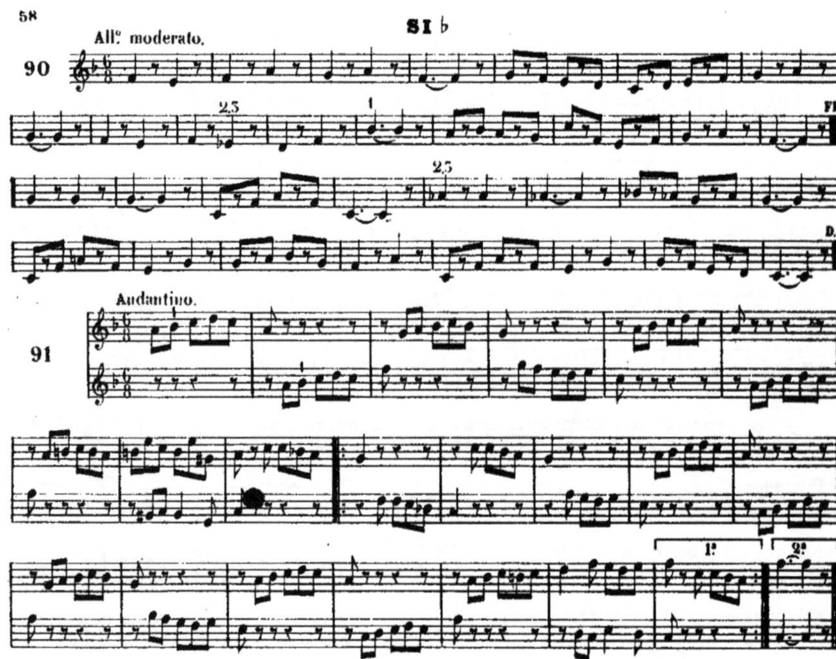
Allº moderato.
SI ♭
90
23
1
FIN.
23
D.C.
Andantino.
91
1ª
2ª

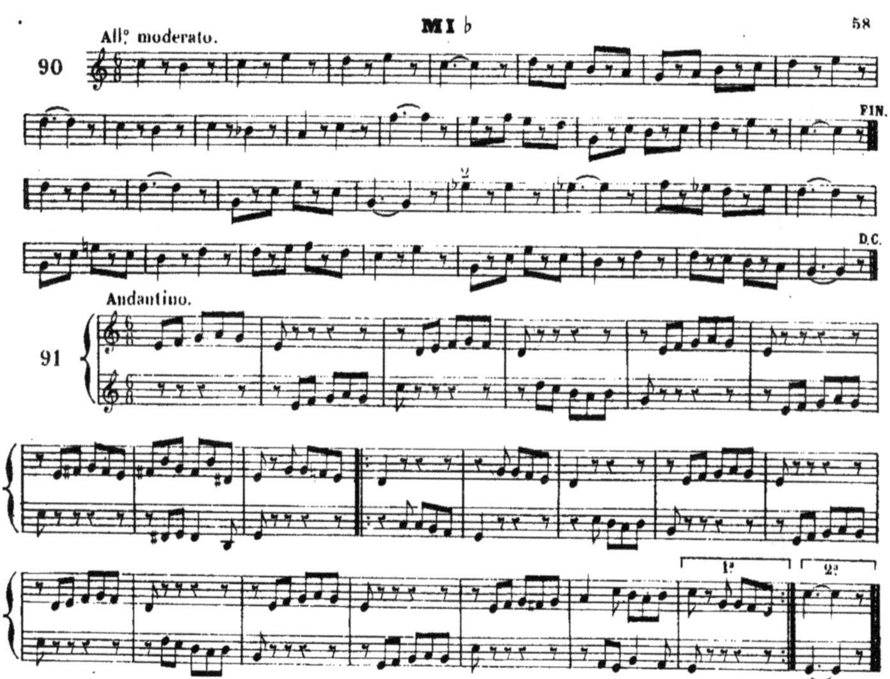
Allo moderato.
90
FIN.
D.C.
Andantino.
91
1ª   2ª

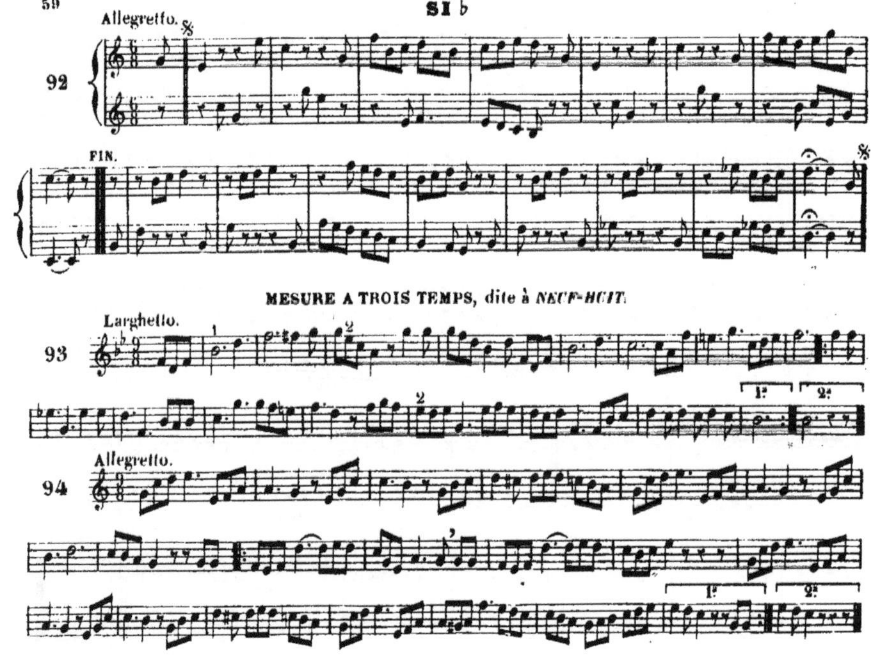
59
Allegretto.
SI ♭
92
FIN.
MESURE A TROIS TEMPS, dite à NEUF-HUIT.
Larghetto.
93
1ᵉ
2ᵉ
Allegretto.
94
1ᵉ
2ᵉ

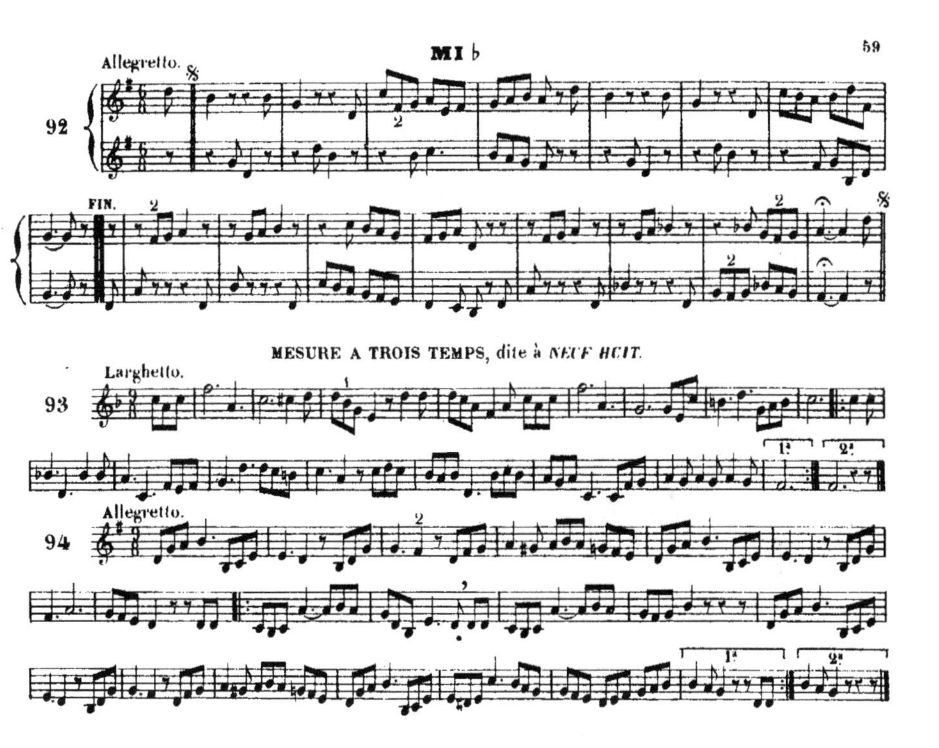
Allegretto.
MI ♭
92
FIN.
MESURE A TROIS TEMPS, dite à NEUF HUIT.
Larghetto.
93
1ª 2ª
Allegretto.
94
1ª 2ª

MESURE A QUATRE TEMPS, dite à *DOUZE-HUIT.*

SI ♭

Larghetto.

95

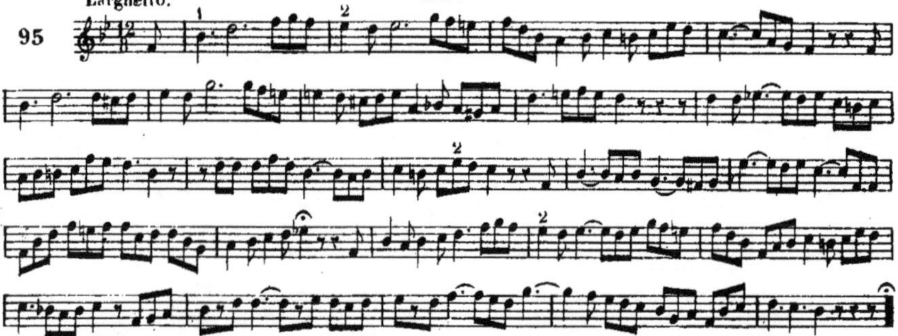

Allegretto.

96

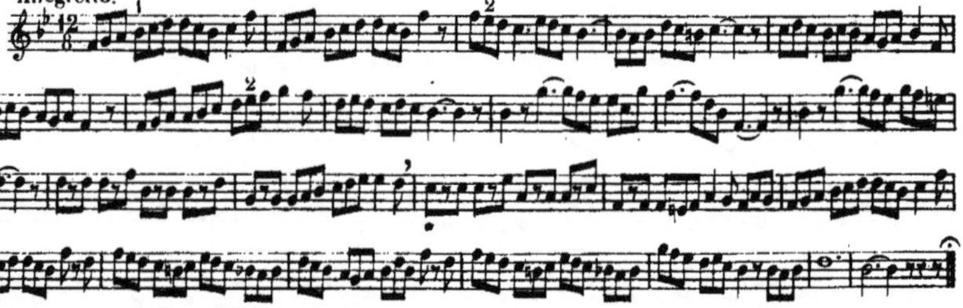

MESURE A QUATRE TEMPS, dite à *DOUZE-HUIT*.

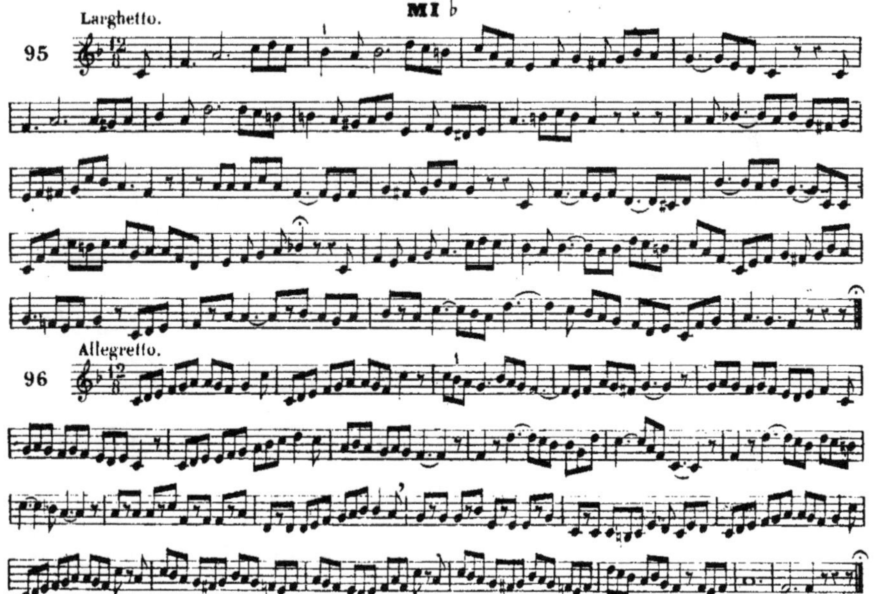

TRIOLETS.

NOTA. Dans ces exercices, le chiffre 3 sert à indiquer *le triolet* et non le doigté des notes (Voir aux princ: p. 5)

SI ♭

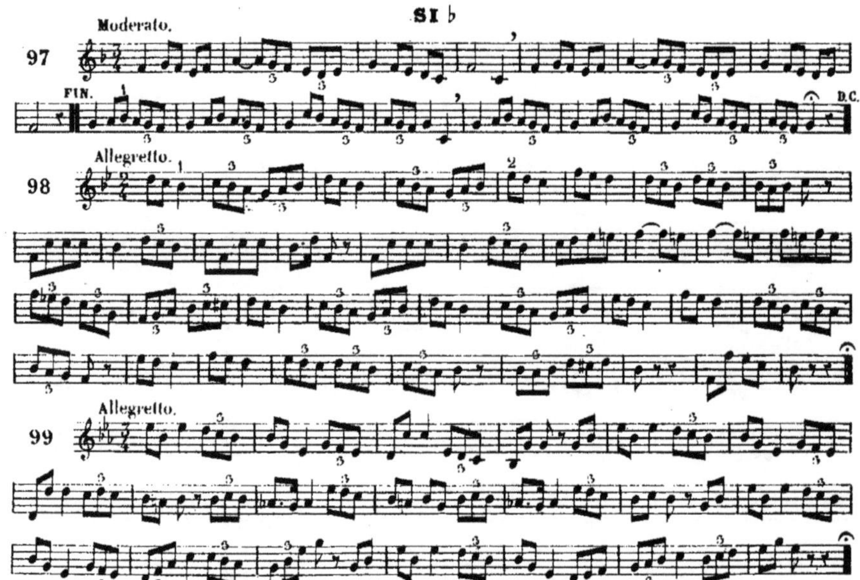

TRIOLETS.

NOTA. Dans ces exercices, le chiffre 3 sert à indiquer le *triolet* et non le doigté des notes. (Voir aux princ: p. 5)

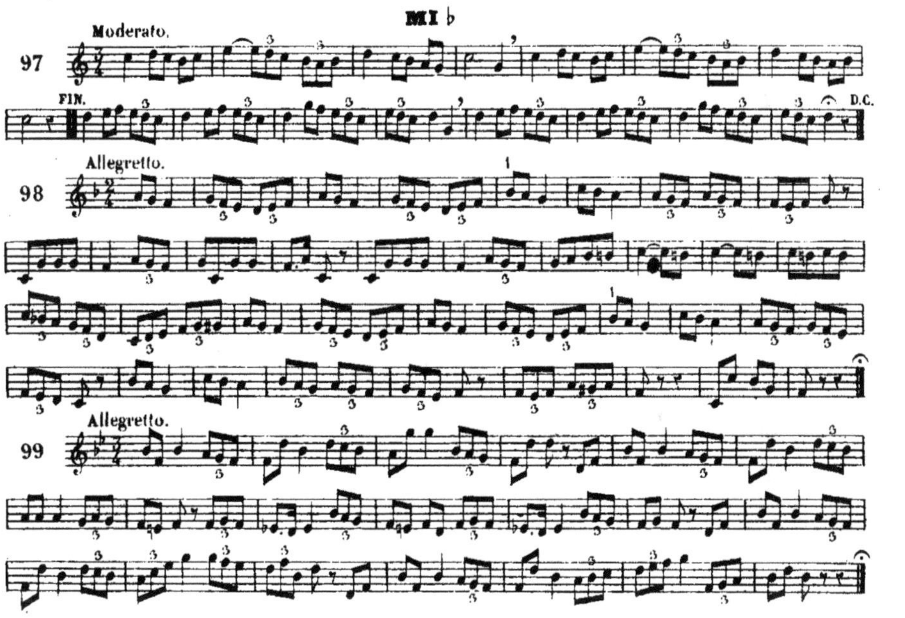

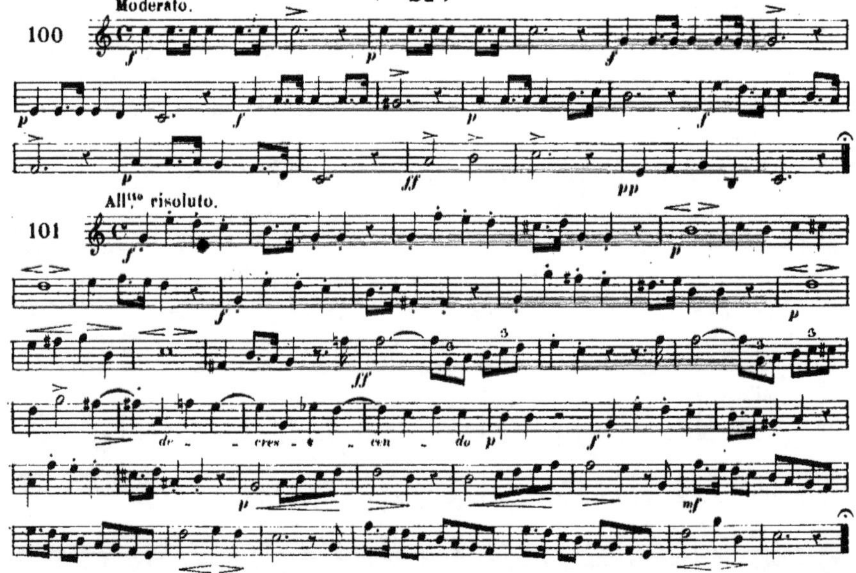

NUANCES.
(Voir aux principes, page 12)
SI♭
Moderato.
100
Allᵗᵗᵒ risoluto.
101
de _ _ cres _ t _ _ cen _ _ do

NUANCES.

(Voir aux principes, page 12)

MI ♭

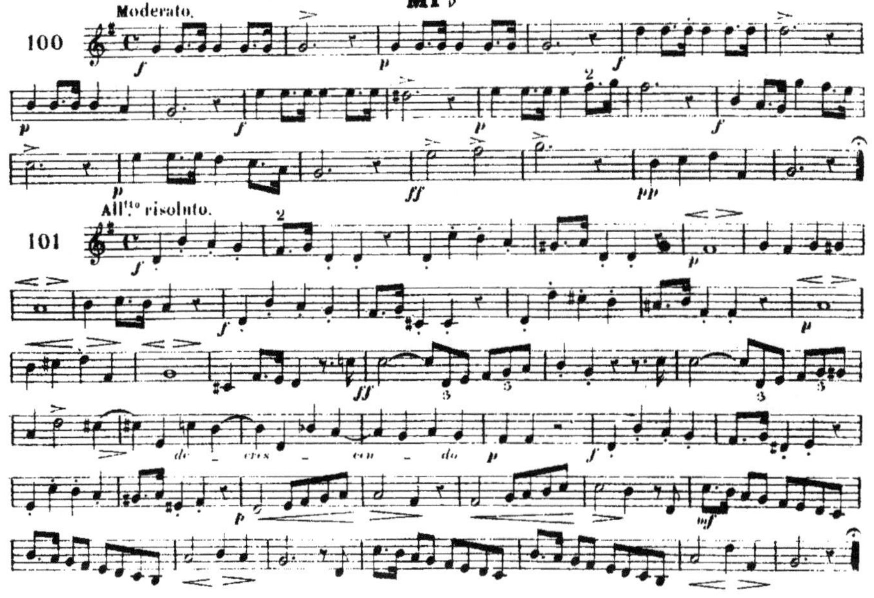

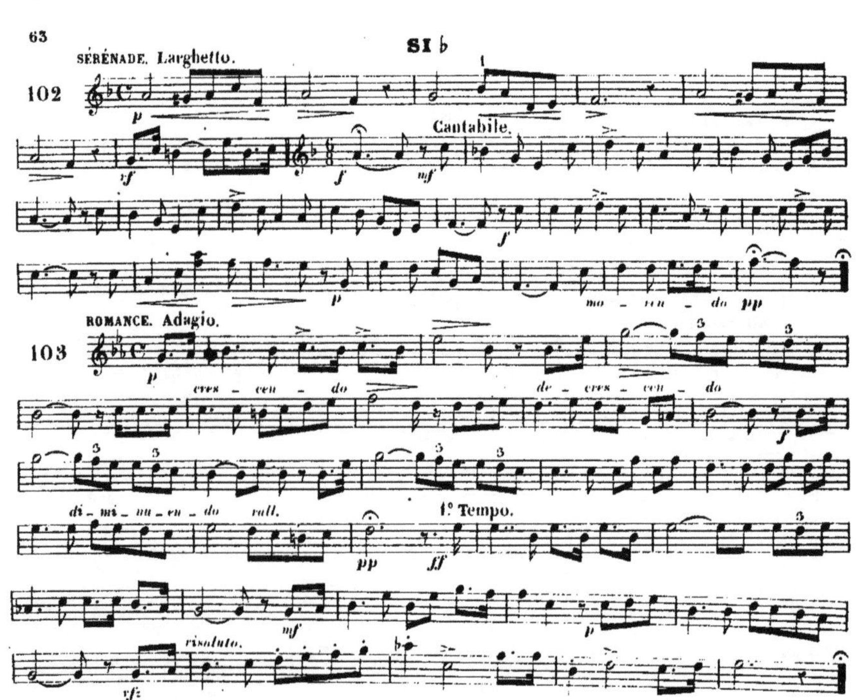
SÉRÉNADE. Larghetto.
SI ♭
102
p
rf
Cantabile.
f
mf
f
p
mo _ ren _ do pp
ROMANCE. Adagio.
103
p
cres _ cen _ do
de _ cres _ cen _ do
f
di _ mi _ nu _ en _ do
rall.
1º Tempo.
pp
ff
mf
p
risoluto.
rf

SÉRÉNADE. Larghetto.

MI ♭

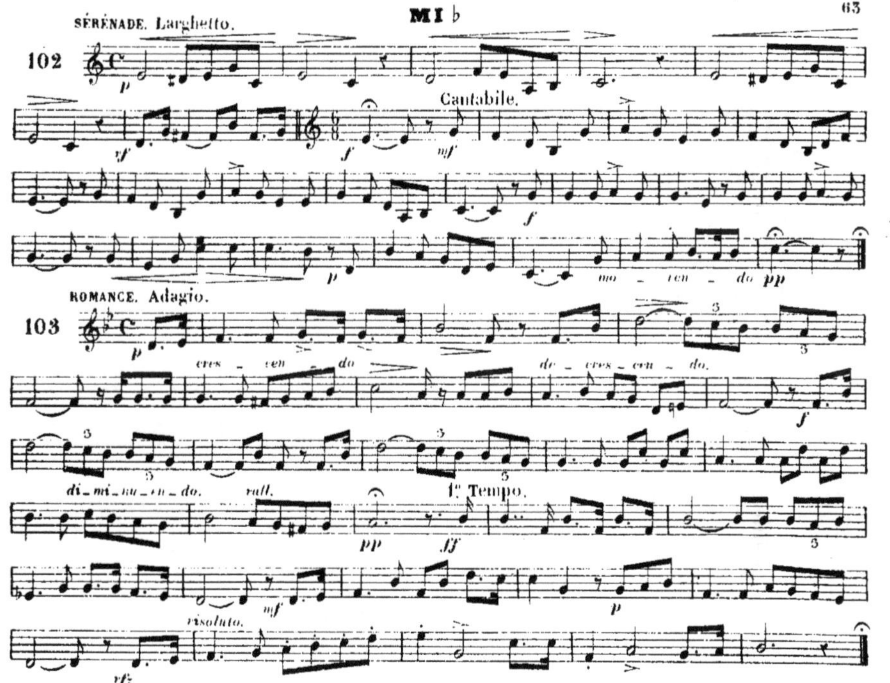

CONTRE-TEMPS.

(Voir aux principes, page 5)

SI ♭

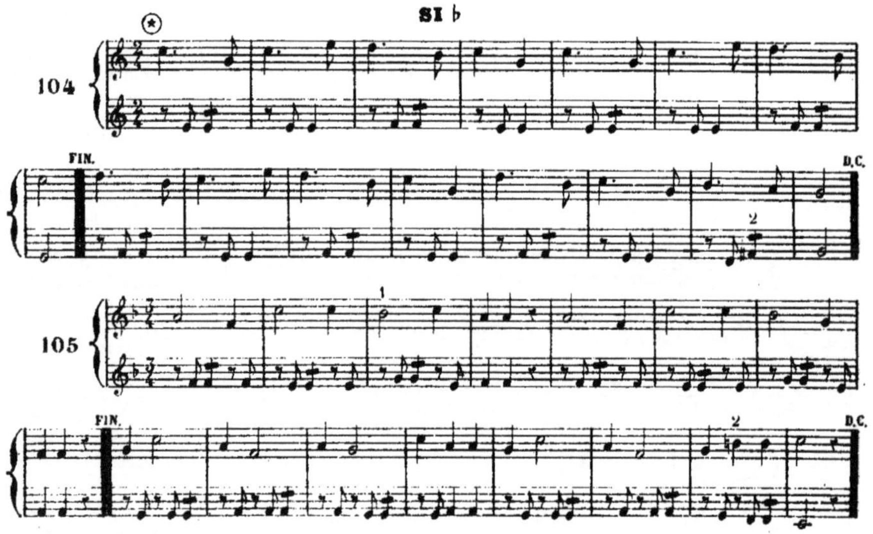

(★) Il sera bon de faire exécuter cet exercice une première fois sans *abréviations*. La même observation peut s'appliquer aux N.ᵒˢ 105 et 106. (Voir pages 12 et 13)

CONTRE-TEMPS.

(Voir aux principes, page 5)

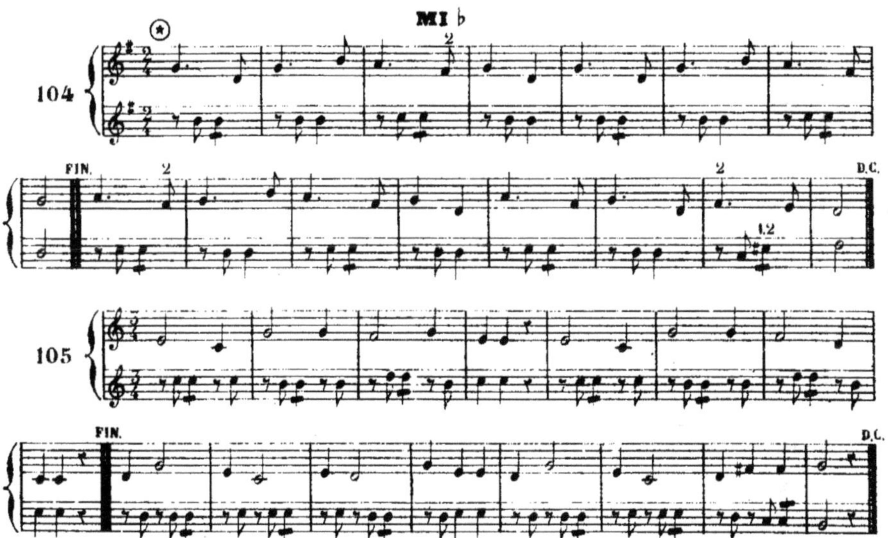

(*) Il sera bon de faire exécuter cet exercice une première fois sans *abréviations*. La même observation peut s'appliquer aux N°ˢ 105 et 106. (Voir pages 12 et 15)

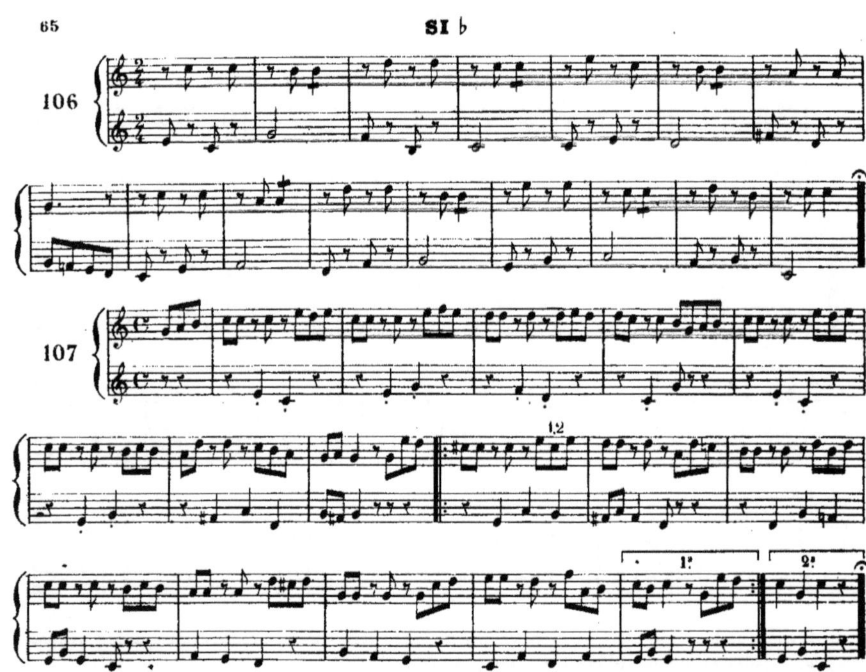

65
SI ♭
106
107
12
1ª
2ª

106 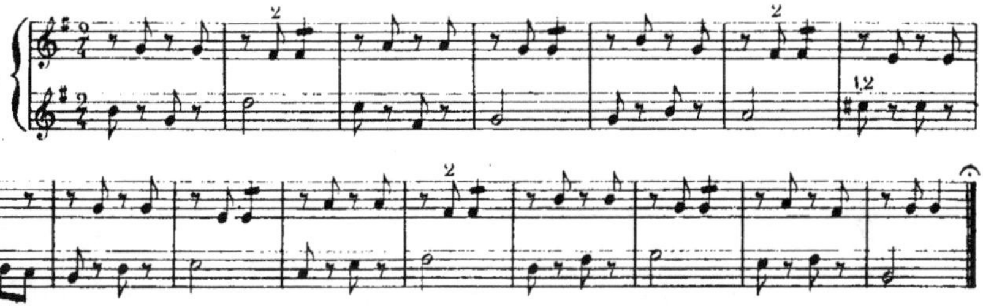
107
1.2
23
1ª
2ª

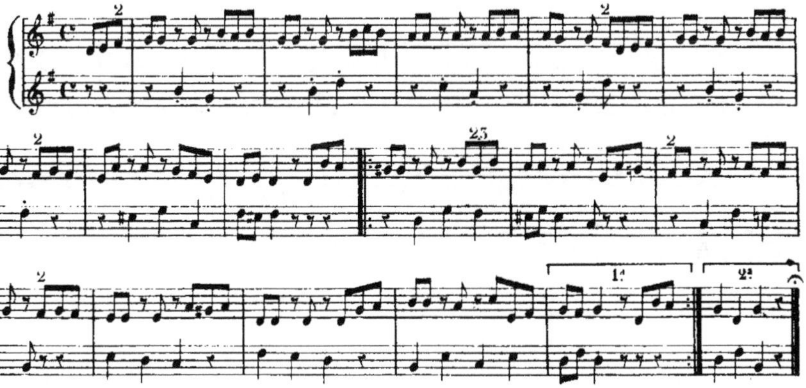

SI ♭
108
FIN.
D.C.
Grazioso.
109
1.
2.
Andante assai.
110

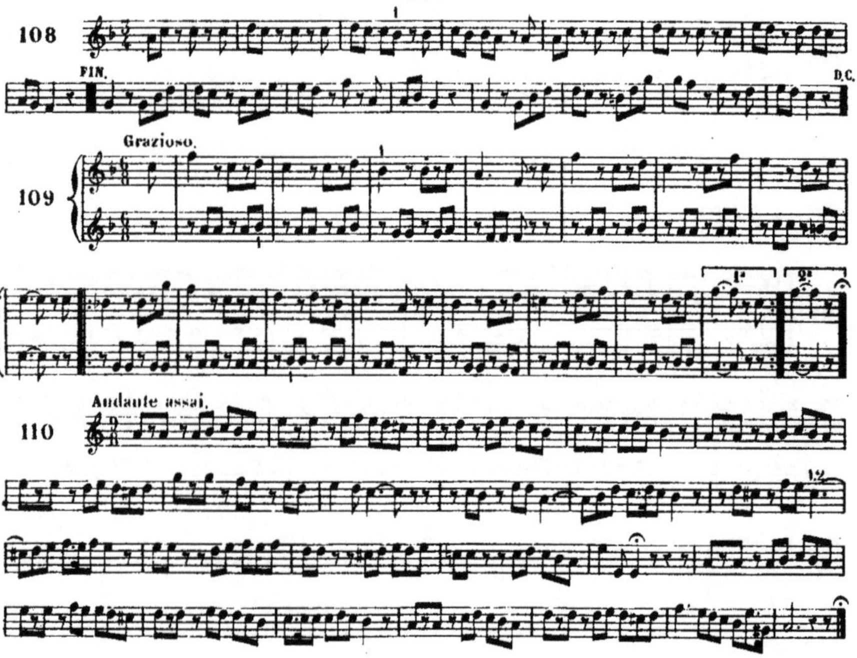

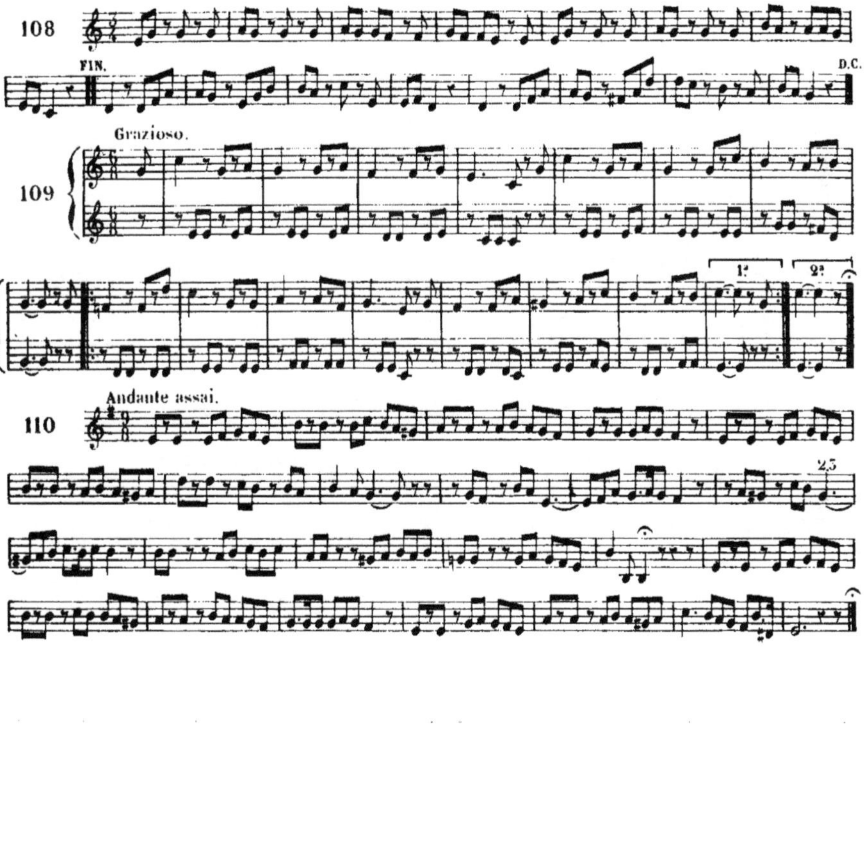

108
FIN.
D.C.
Grazioso.
109
1ª   2ª
Andante assai.
110
23

SINCOPES.

(Voir aux principes, page 5)

SI ♭

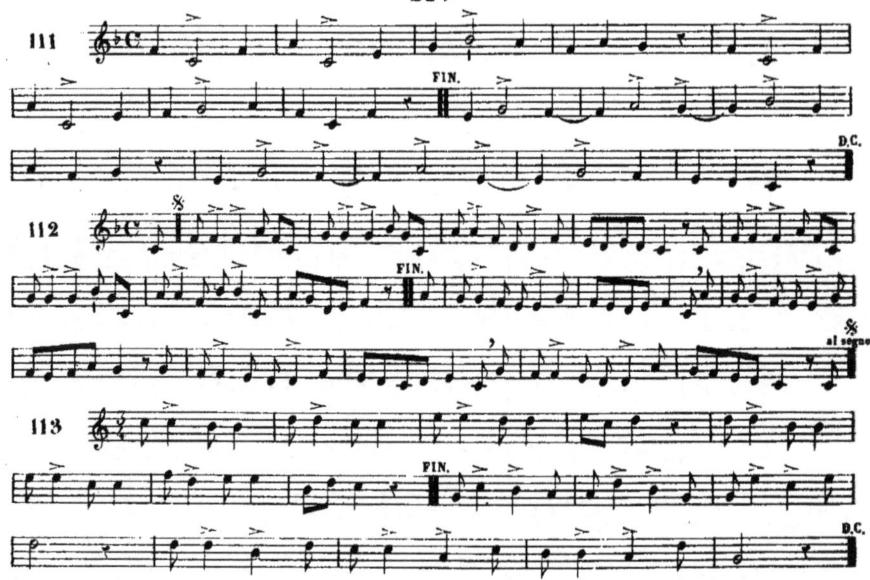

SINCOPES.

(Voir aux principes page 5)

MI ♭

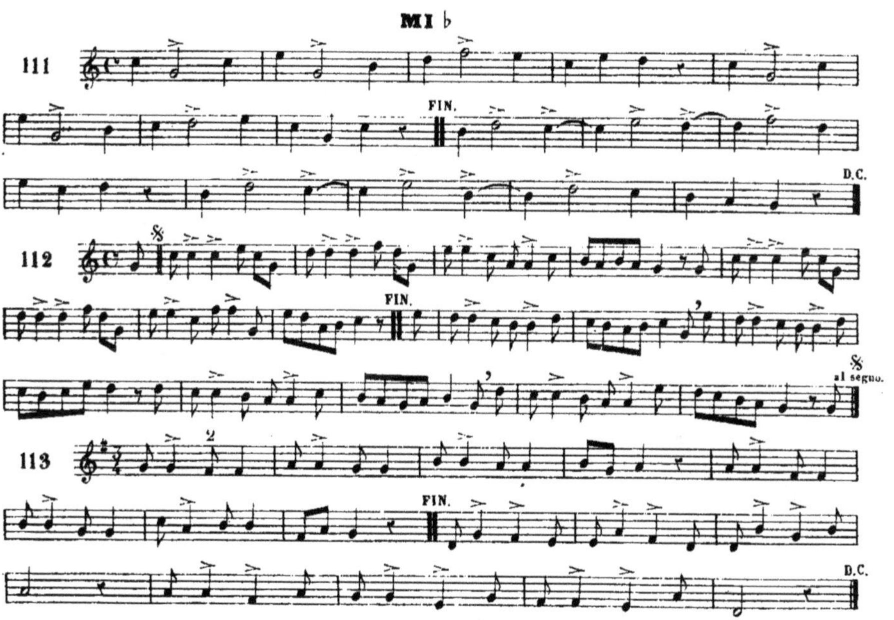

SI ♭

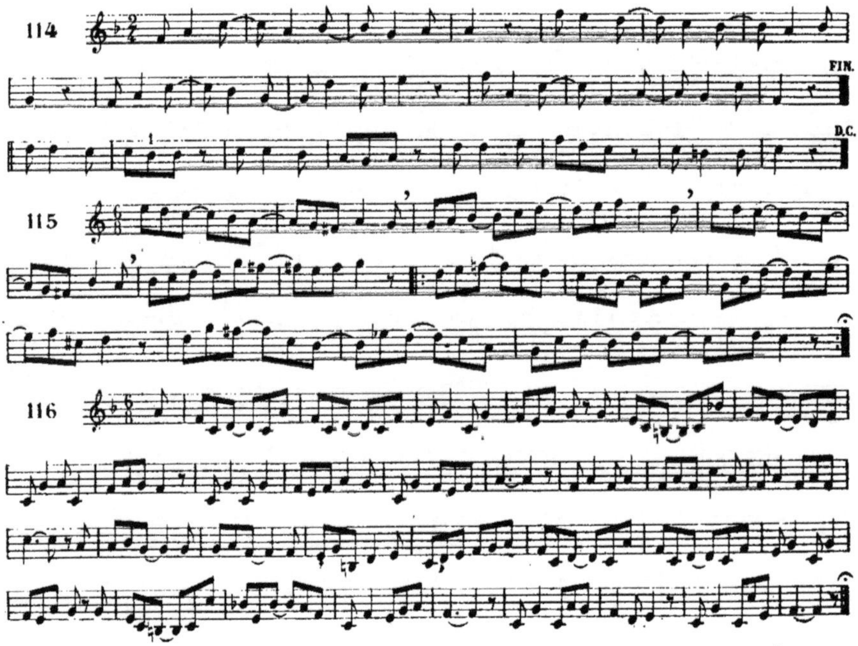

114

115

116

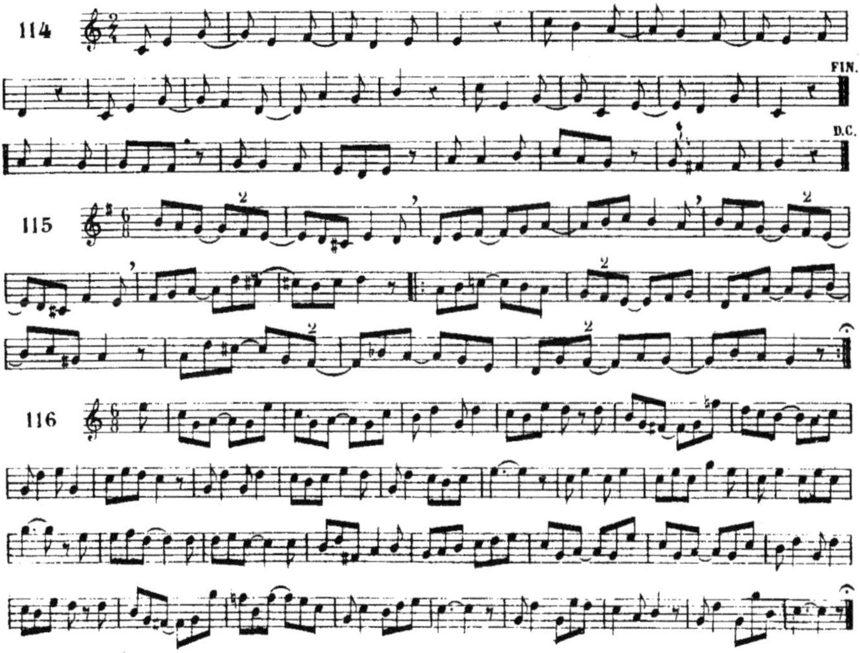

114
FIN.
D.C.
115
116

EXERCICES SUR LES DOUBLES CROCHES.

SI ♭

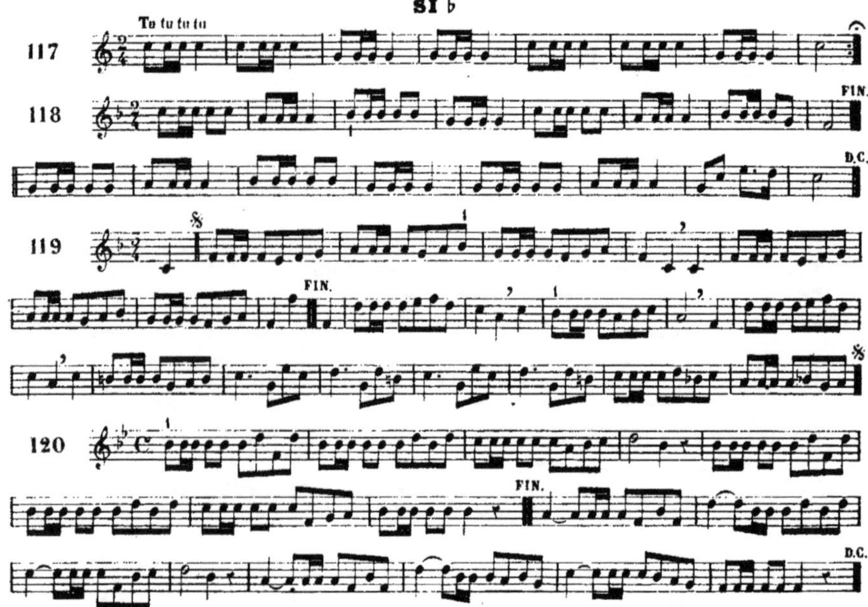

MI ♭

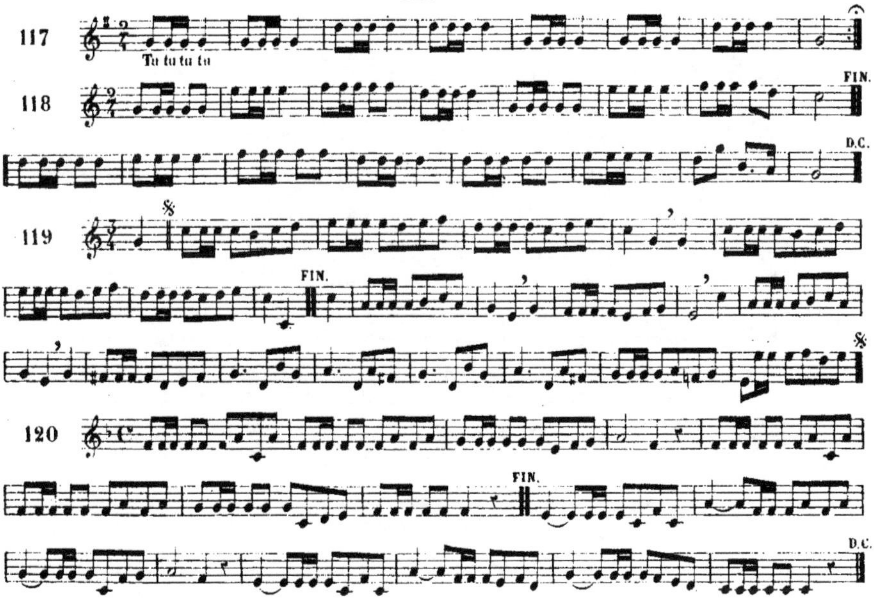

117

118

FIN.

D.C.

119

§

FIN.

FIN.

§

120

FIN.

D.C.

SI ♭

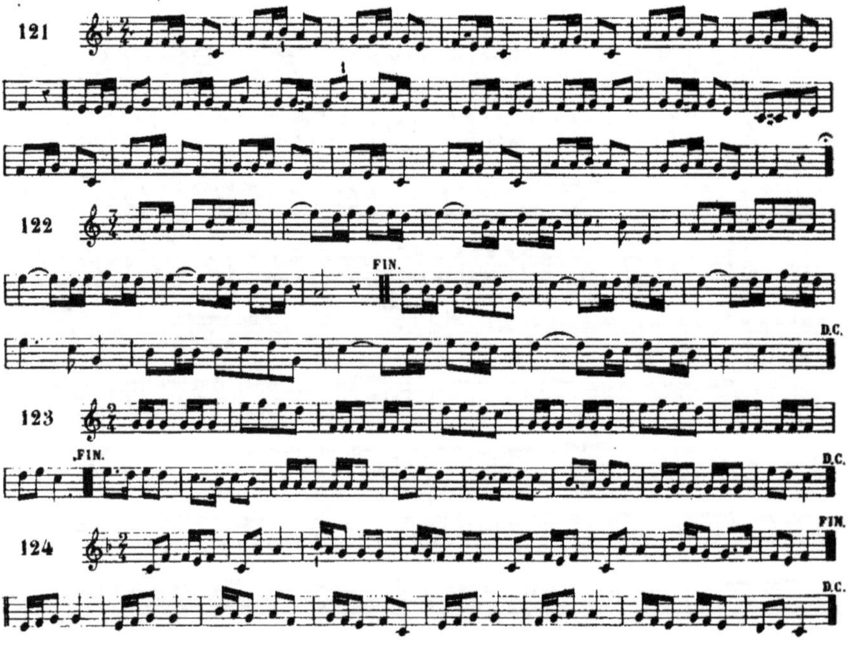

121

122

FIN.

D.C.

123

.FIN.

D.C.

124

FIN.

D.C.

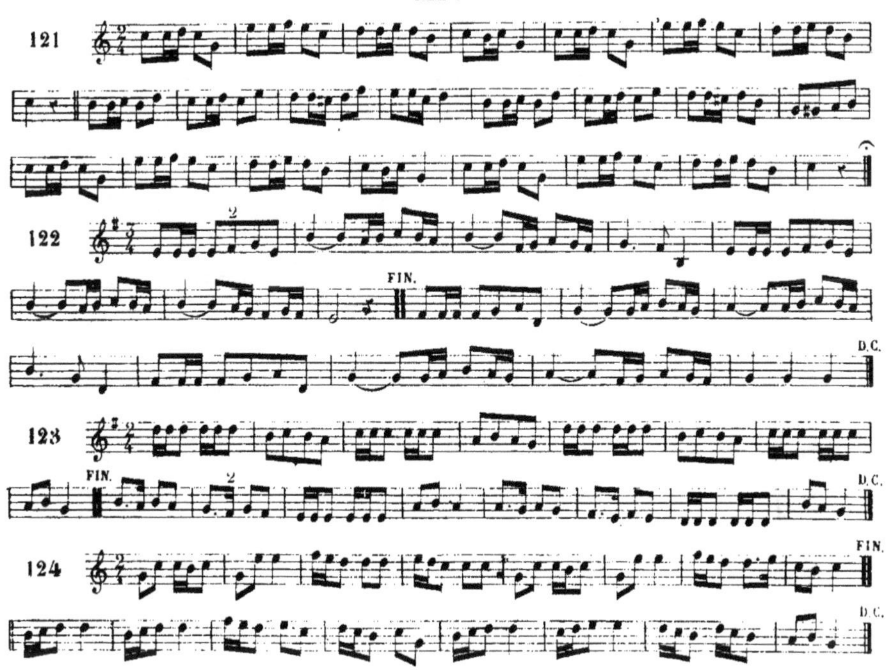
121
122
FIN.
D.C.
123
FIN.
D.C.
124
FIN.
D.C.

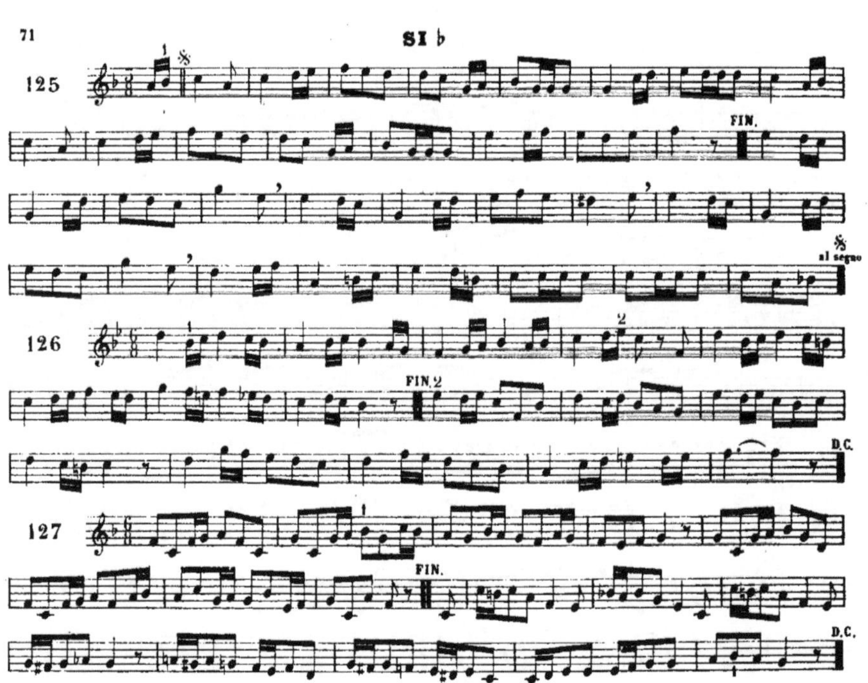
SI ♭
125
FIN.
al segno
126
FIN. 2
D.C.
127
FIN.
D.C.

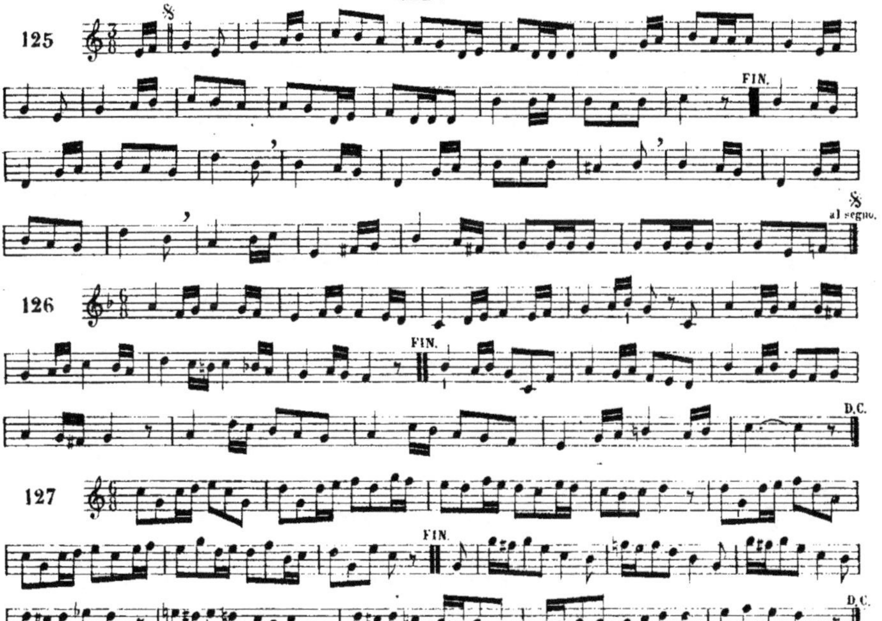

125
FIN.
al segno.
126
FIN.
D.C.
127
FIN.
D.C.

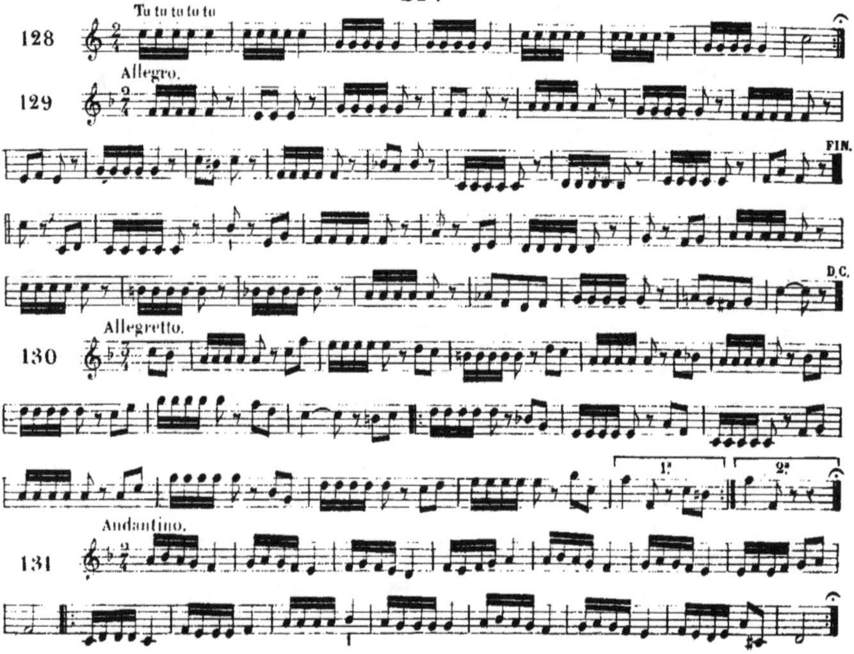

72
SI ♭
128
Tu tu tu tu tu
Allegro.
129
FIN.
D.C.
Allegretto.
130
1ª
2ª
Andantino.
131

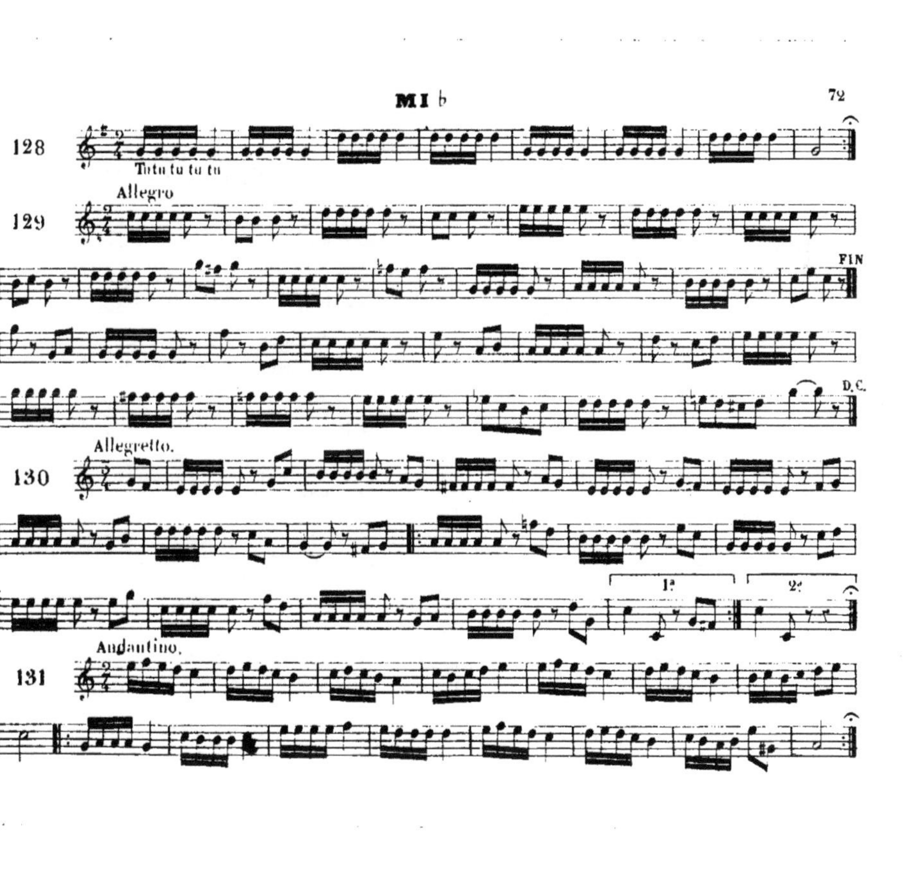
128
Tutu tu tu tu
Allegro
129
FIN
D.C.
Allegretto.
130
1ª
2ª
Andantino.
131

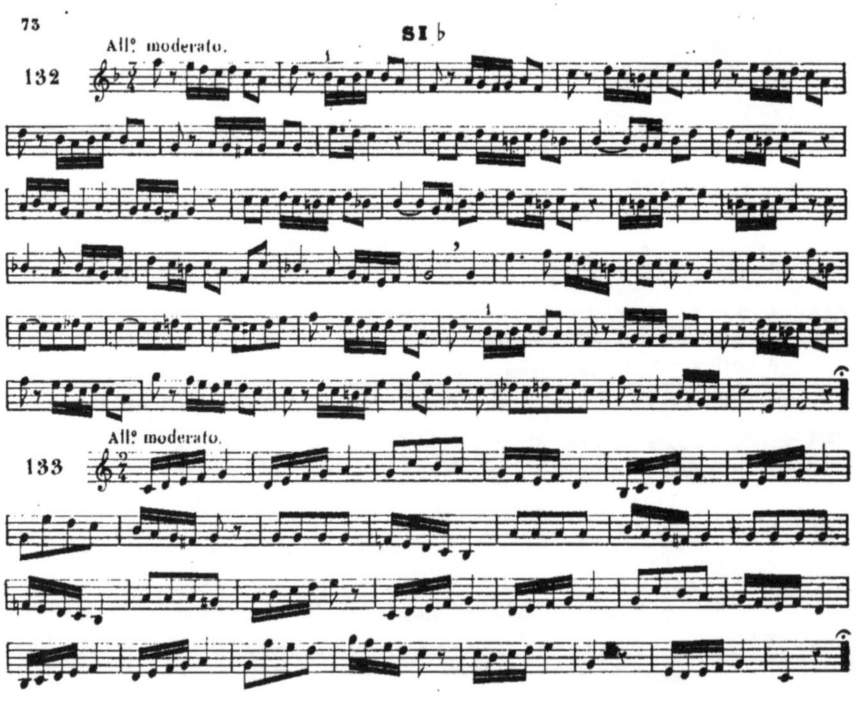
Allo moderato.
SI ♭
132
Allo moderato.
133

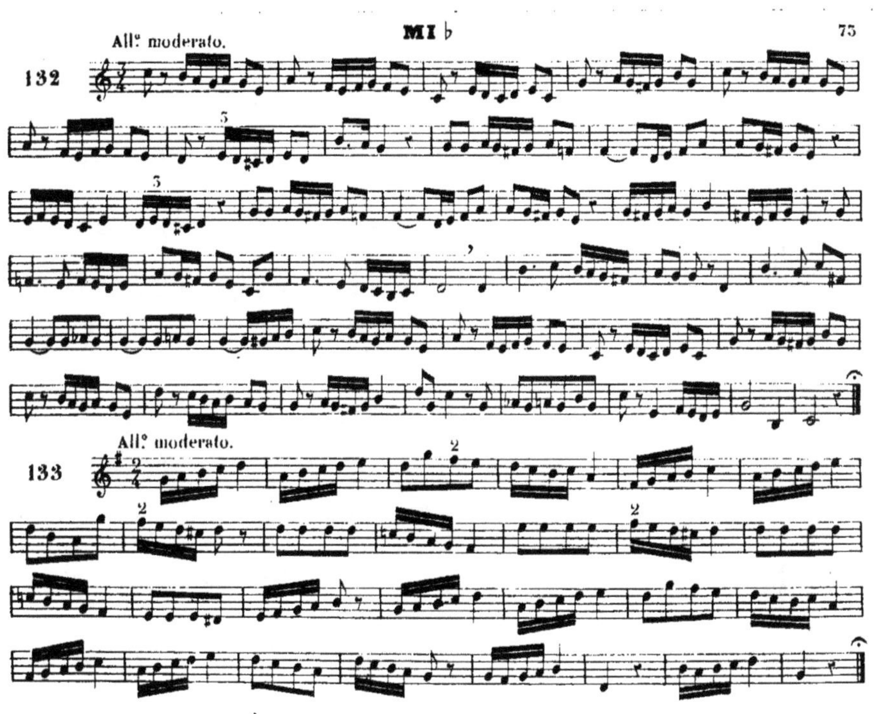
Allo. moderato.
132
Allo. moderato.
133

SI ♭

134

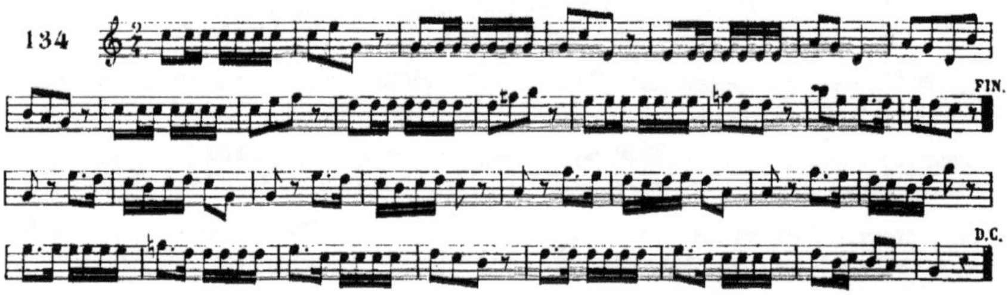

FIN.

D.C.

135

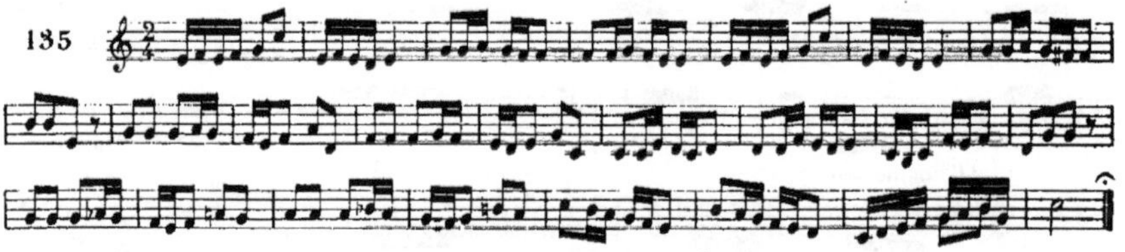

136

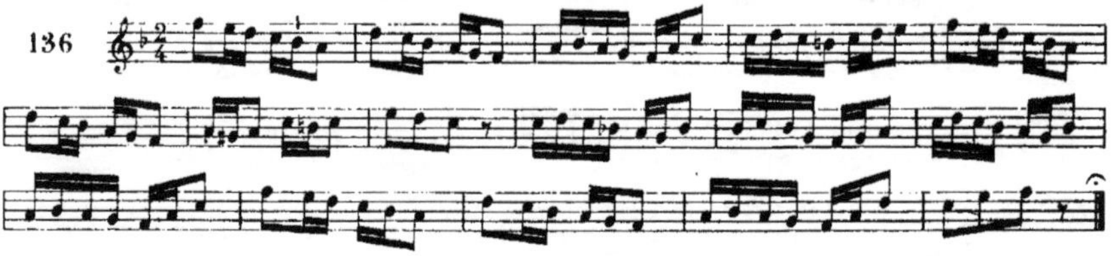

MI ♭
14
134 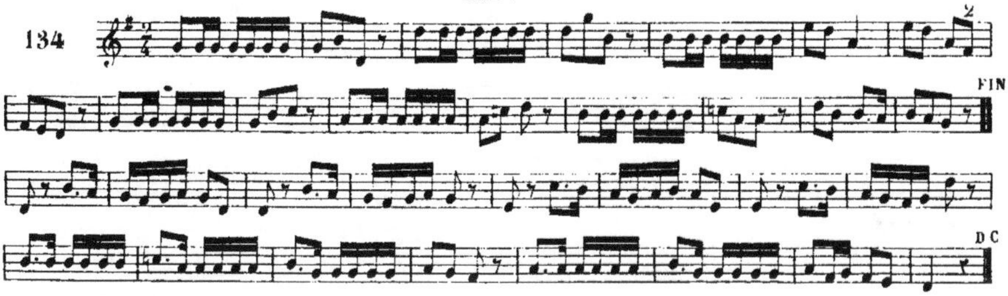
FIN
D C
135 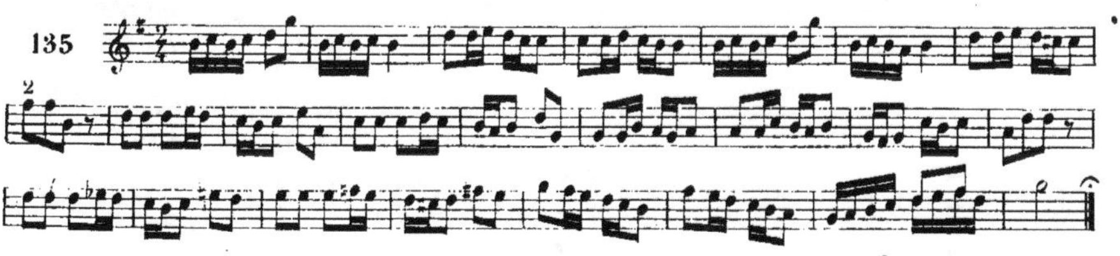
2
136

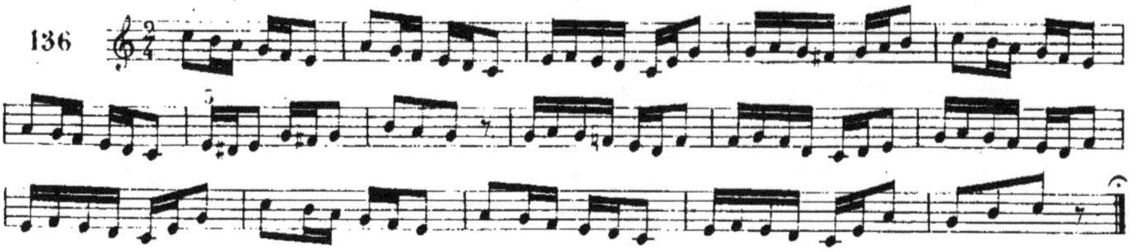

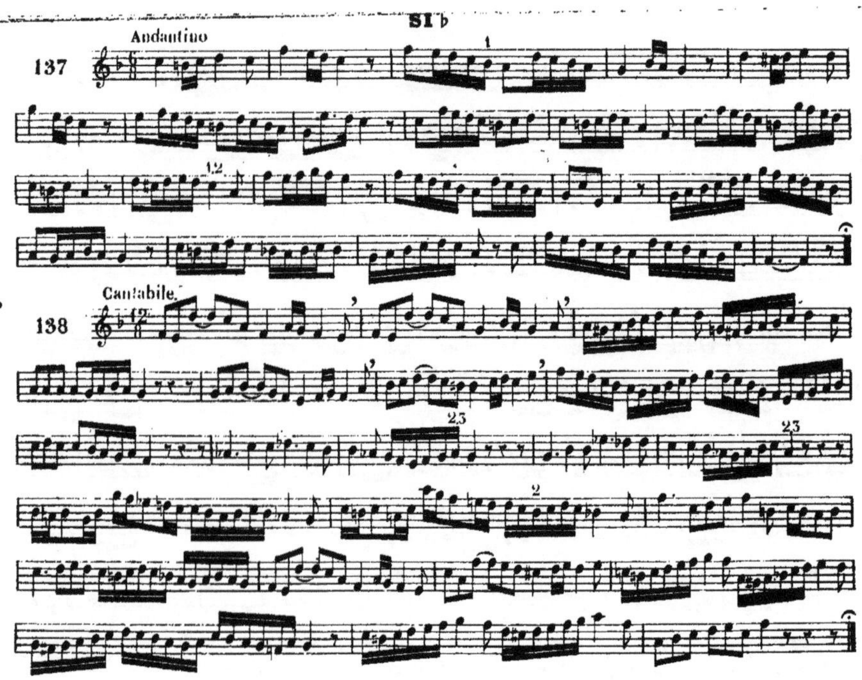
SI b
Andantino
137
Cantabile.
138

Andantino.

137

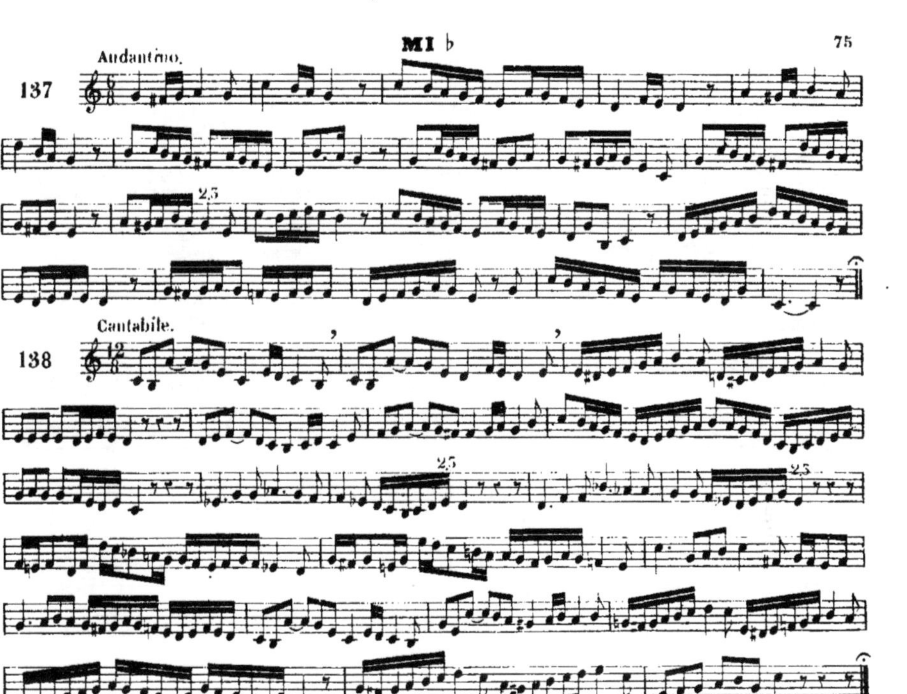

Cantabile.

138

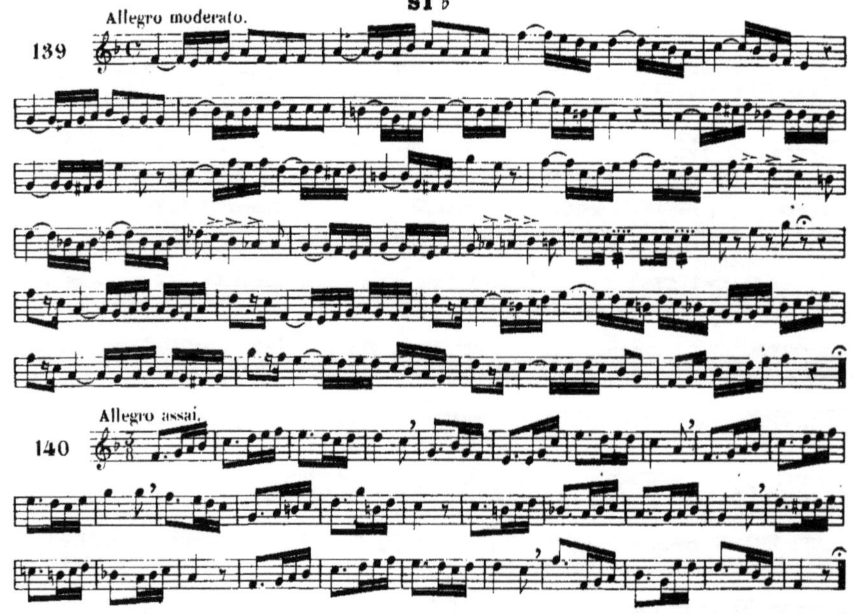
SI ♭
Allegro moderato.
139
Allegro assai.
140

MI ♭

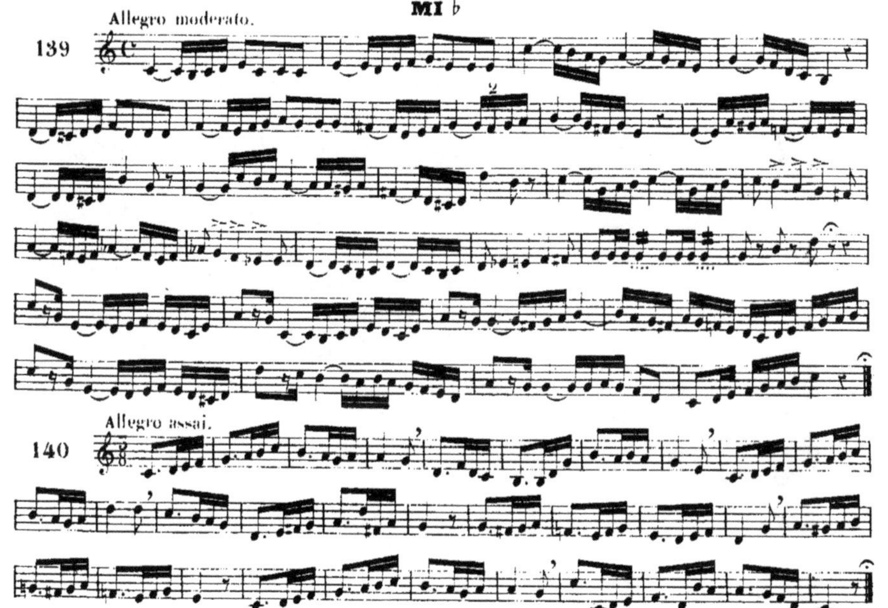

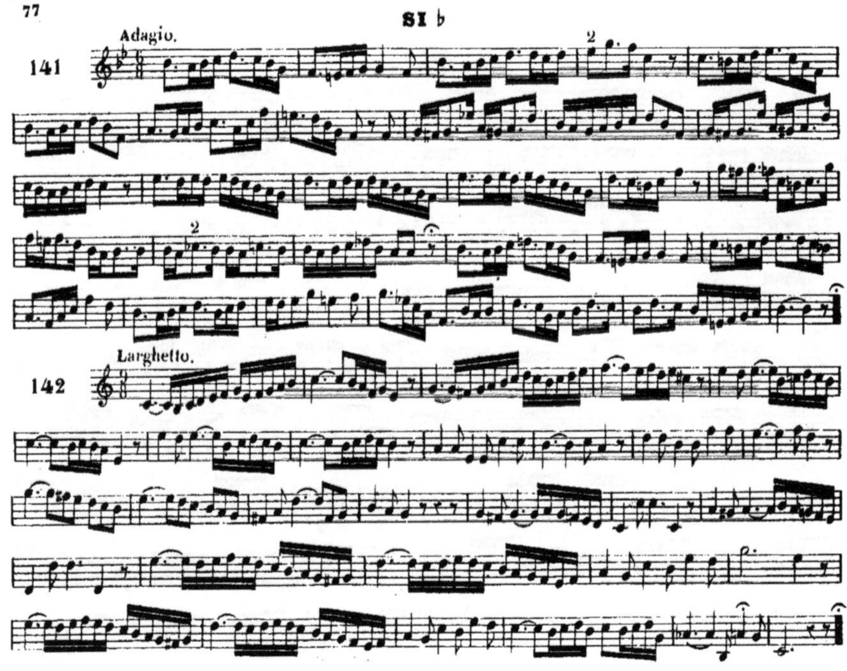
SI ♭
Adagio.
141
Larghetto.
142

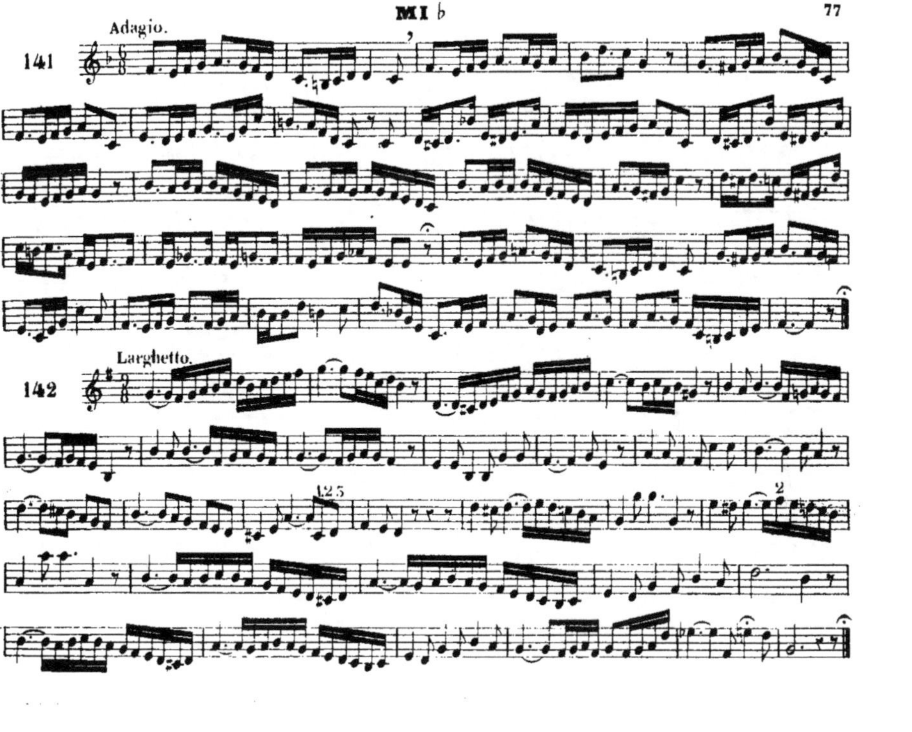
Adagio.
141
Larghetto.
142
125
2

QUART de SOUPIR, SINCOPE, DOUBLE CROCHE POINTÉE.

SI ♭

143   Allegro.

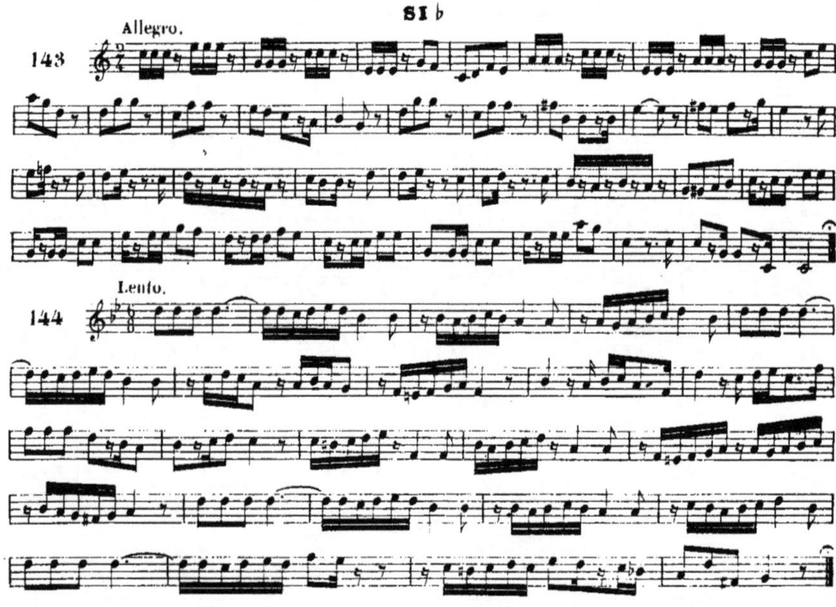

144   Lento.

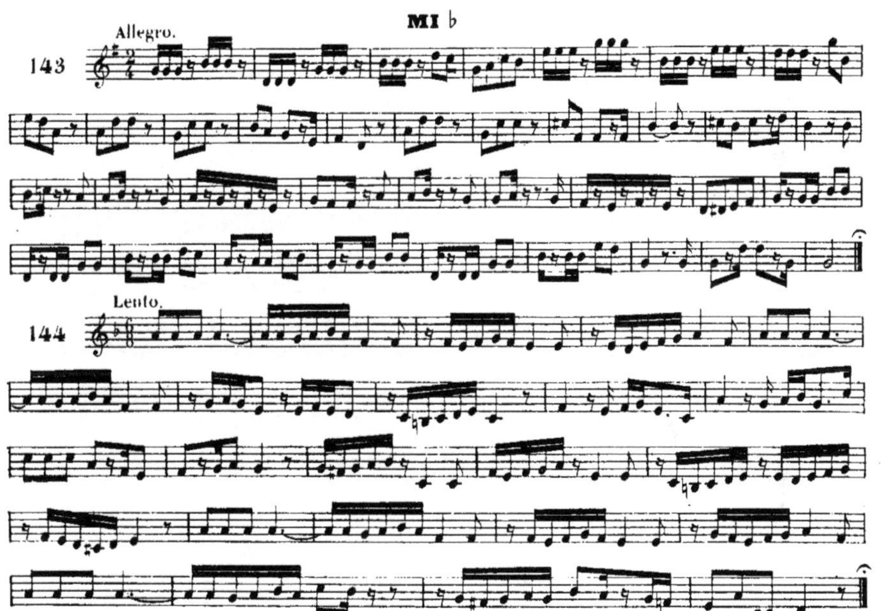
MI ♭
Allegro.
143
Lento.
144

Allegretto.

SI ♭

145

Moderato.

146

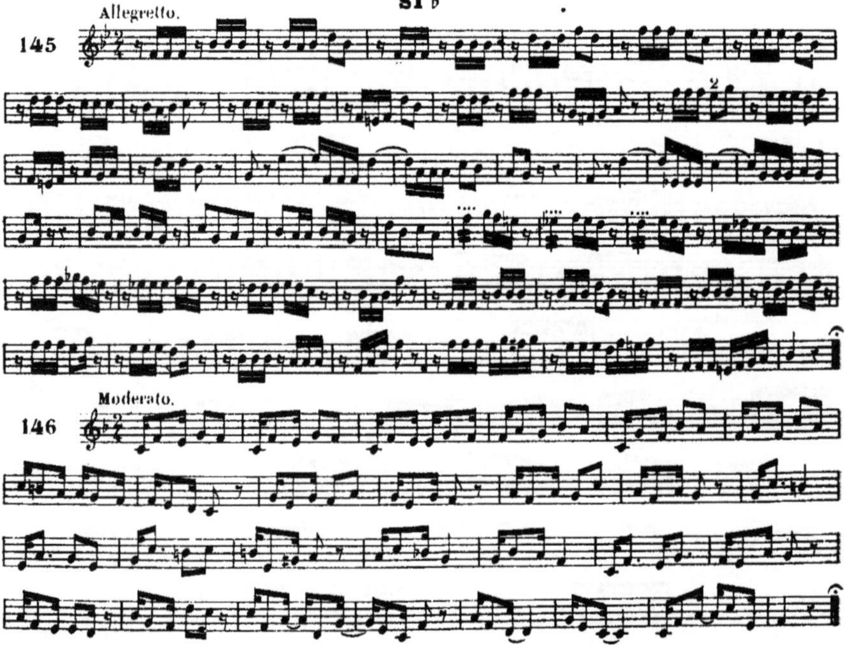

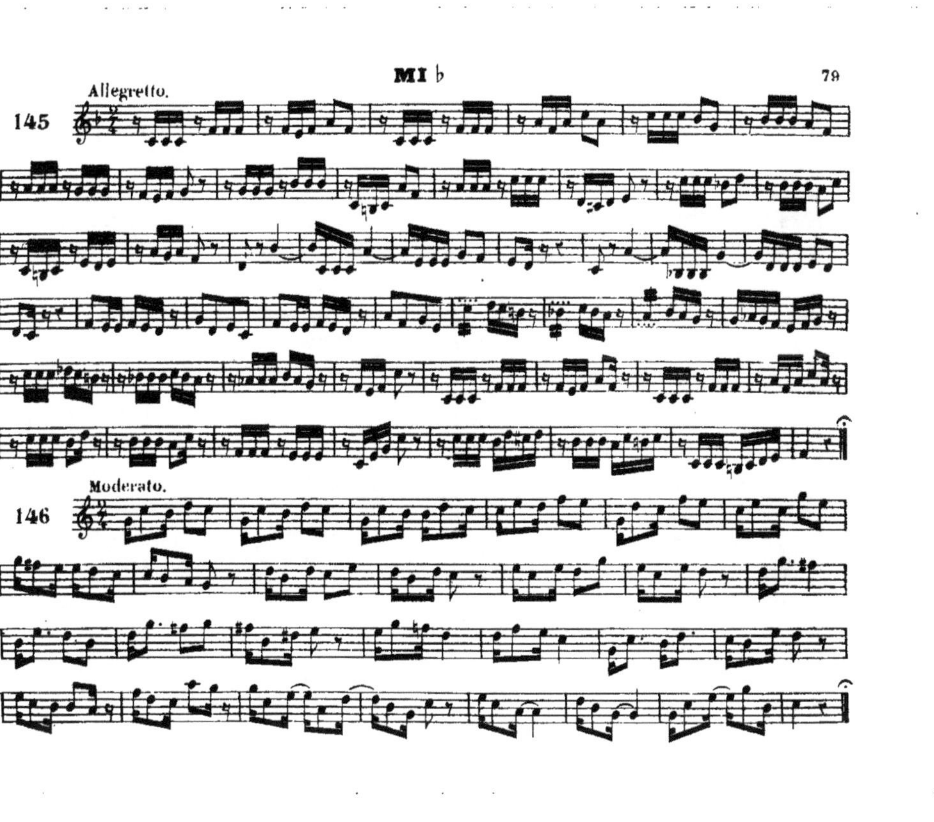
Allegretto.
145
Moderato.
146

SI♭
147 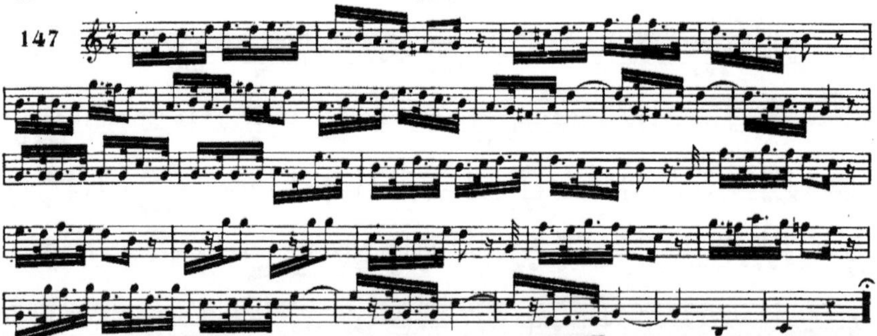
148

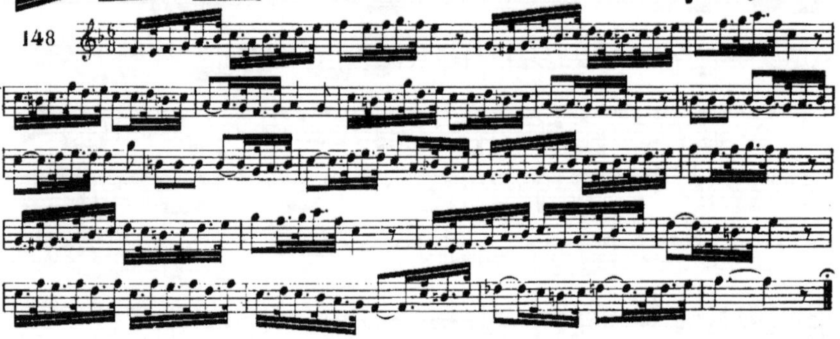

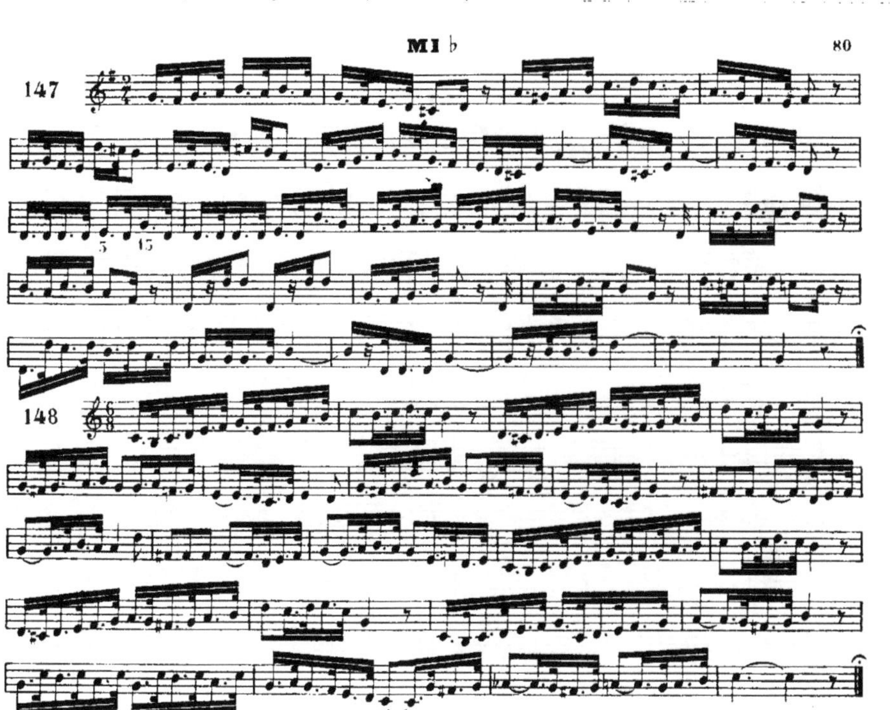
MI ♭
80
147
148

COULÉ.
(Voir aux principes, page 15)

SI ♭

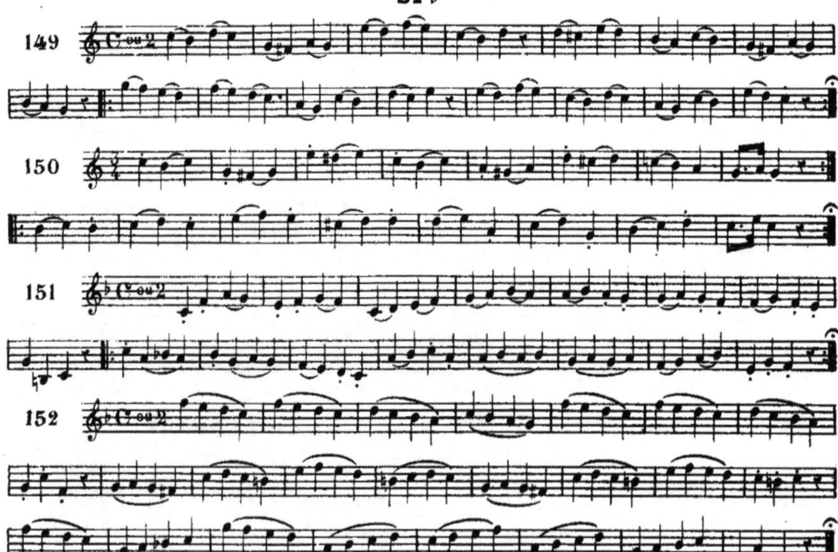

COULÉ.

(Voir aux principes, page 15)

MI ♭

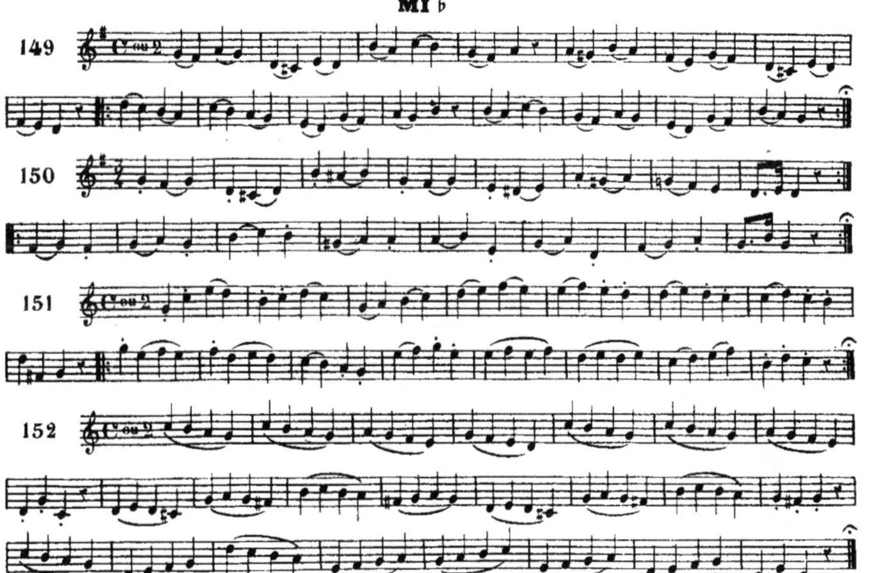

149

150

151

152

SI ♭

153

FIN.

al segno.

Allegretto.

154

Allegro.

155

FIN.

D C

Andante.

156

FIN.

D C

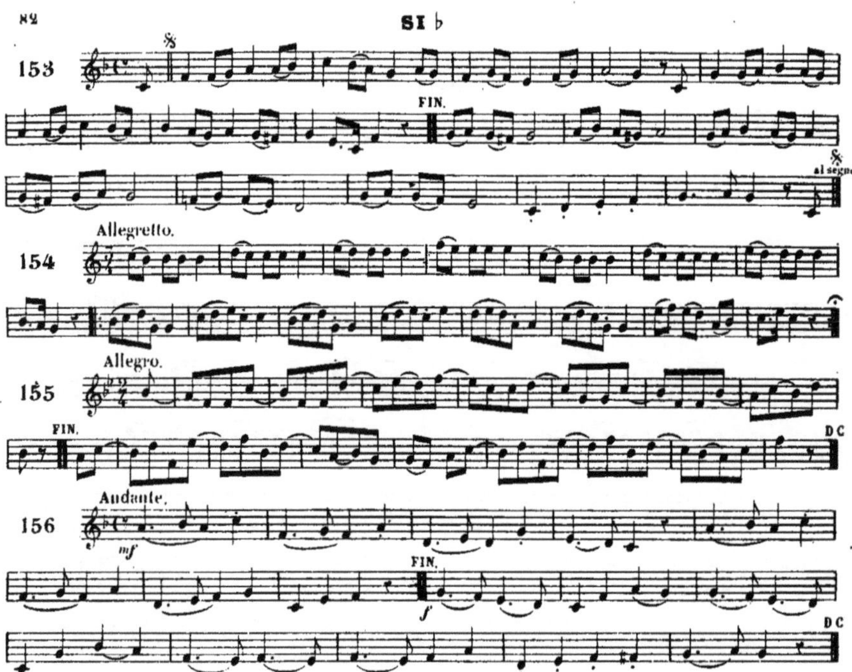

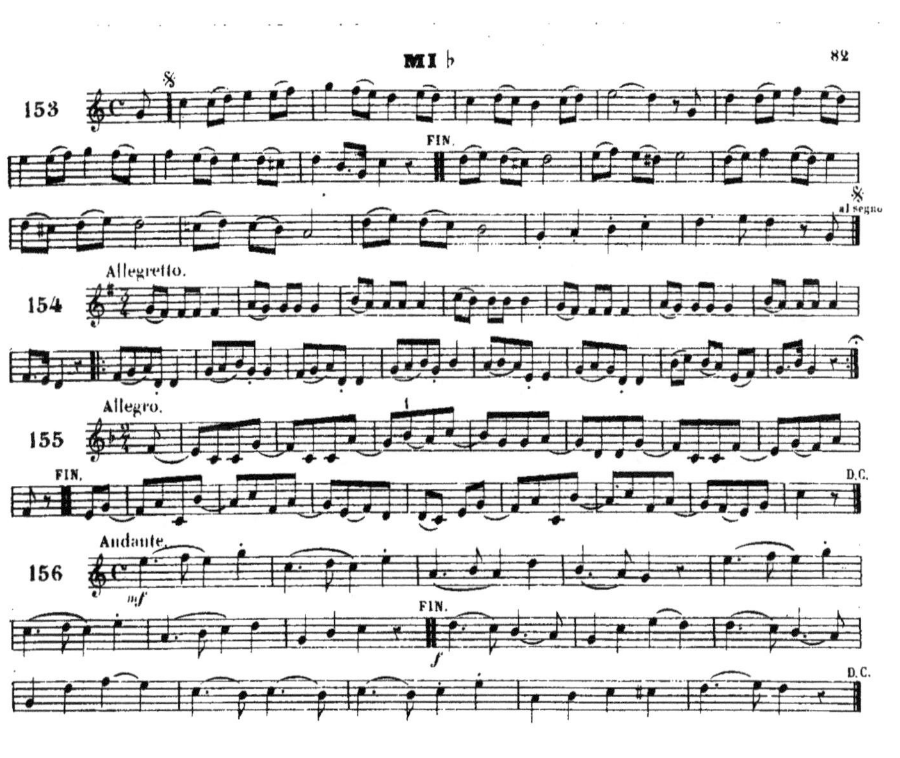
153
FIN.
al segno
Allegretto.
154
Allegro.
155
FIN.
D.C.
Andante.
156
mf
FIN.
f
D.C.

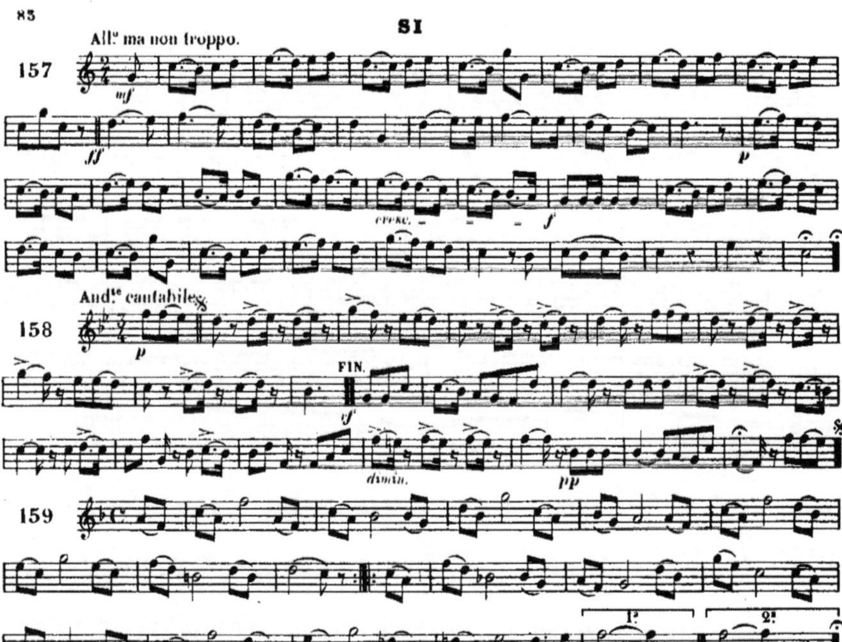
Allo ma non troppo.
SI
157
mf
ff
p
cresc. _ _ _ f
Andte cantabile.
158
p
FIN.
sf
dimin.
pp
159
1a
2a

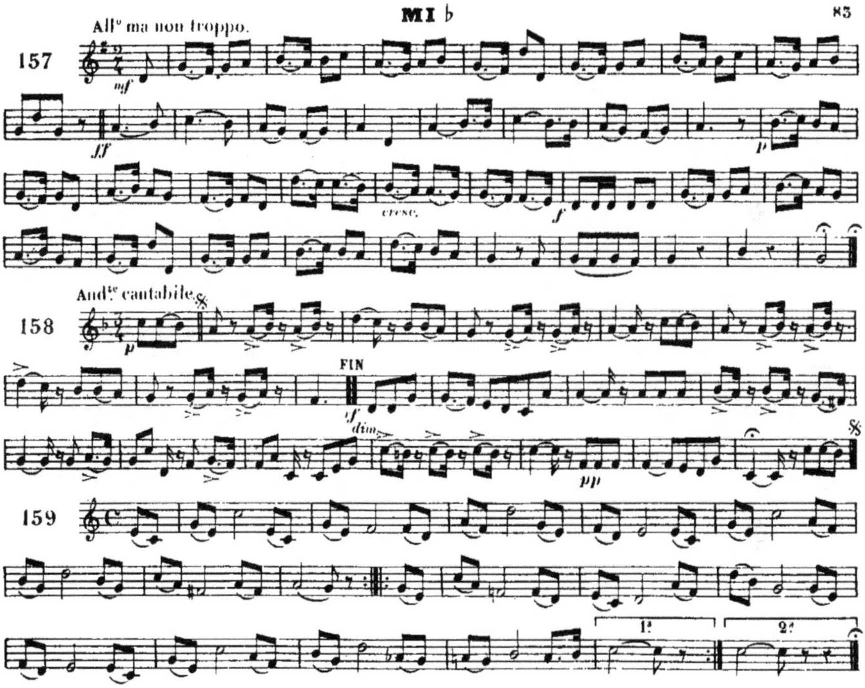

MI ♭
85
Allº ma non troppo.
157
mf
ff
p
cresc.
f
And.te cantabile.
158
p
FIN
f
dim.
pp
159
1.ª
2.ª

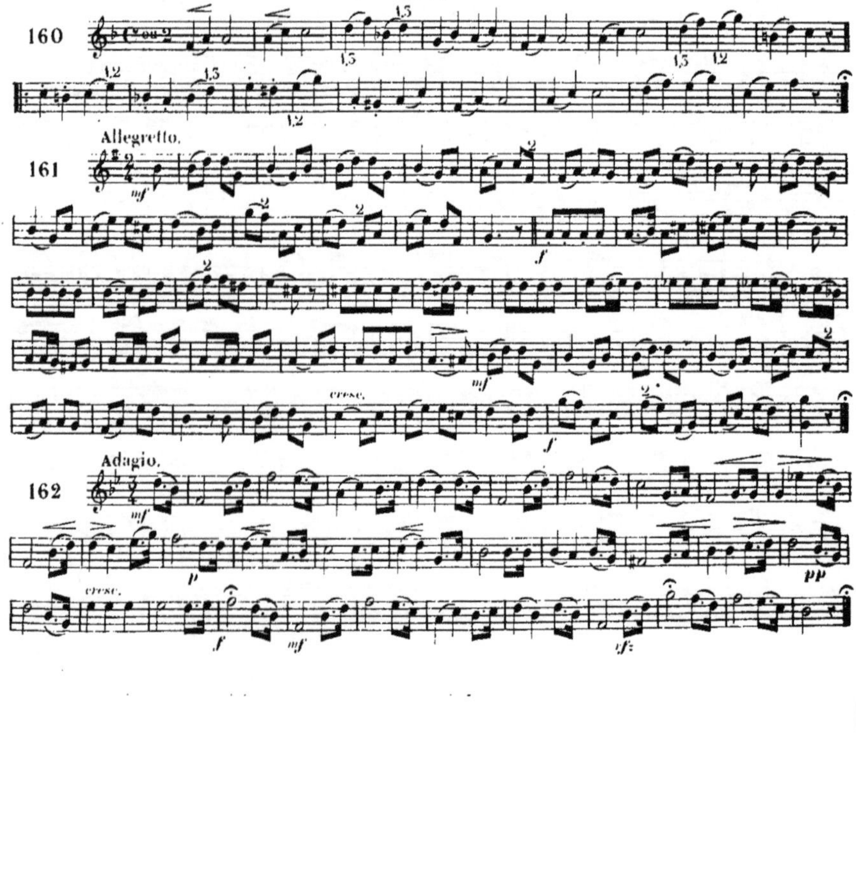

SI ♭
160
1.2
161 Allegretto.
162 Adagio.

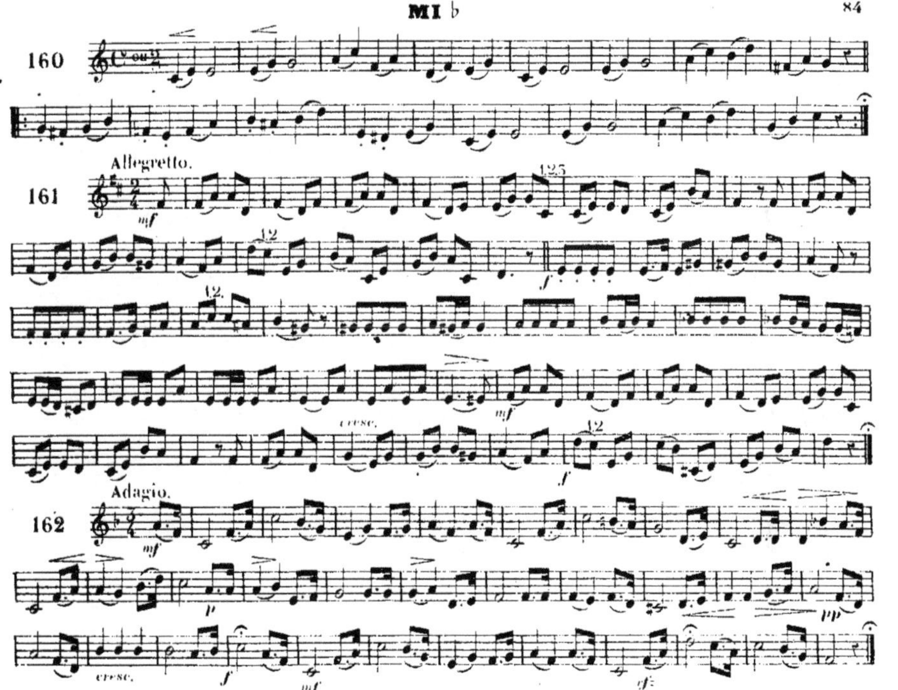
160
Allegretto.
161
Adagio.
162

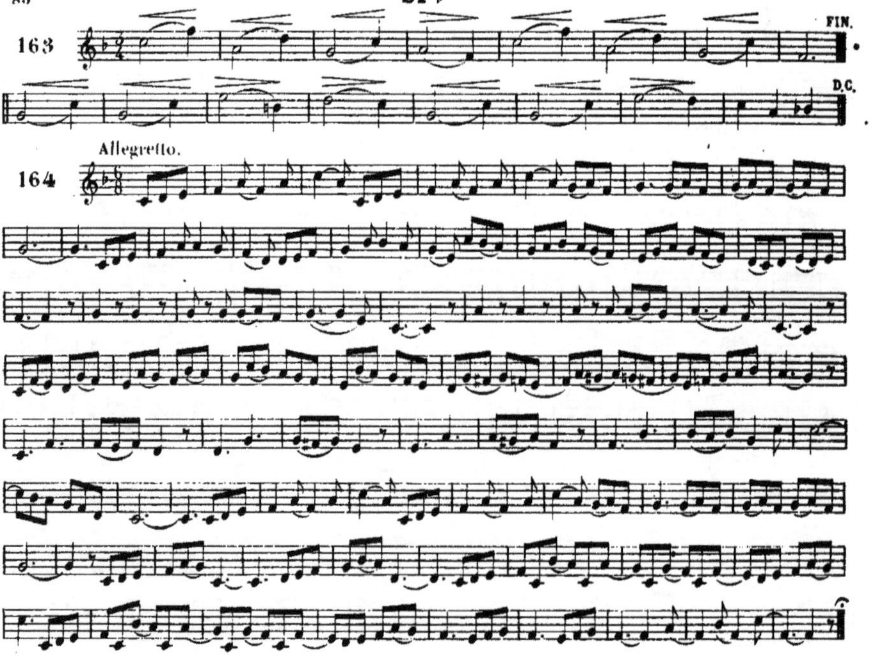

SI ♭

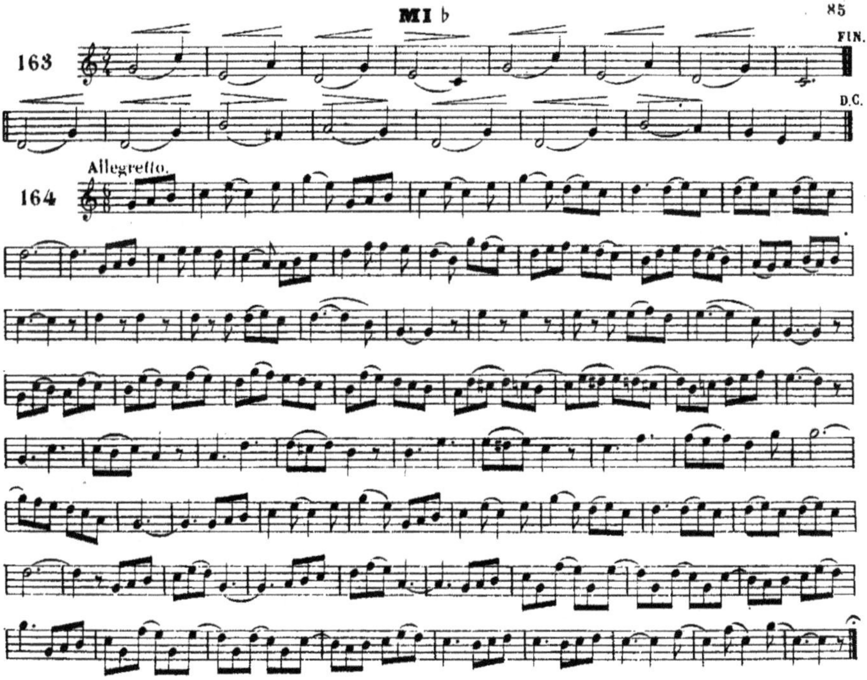

163

164 Allegretto.

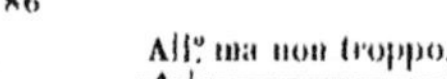
SI ♭

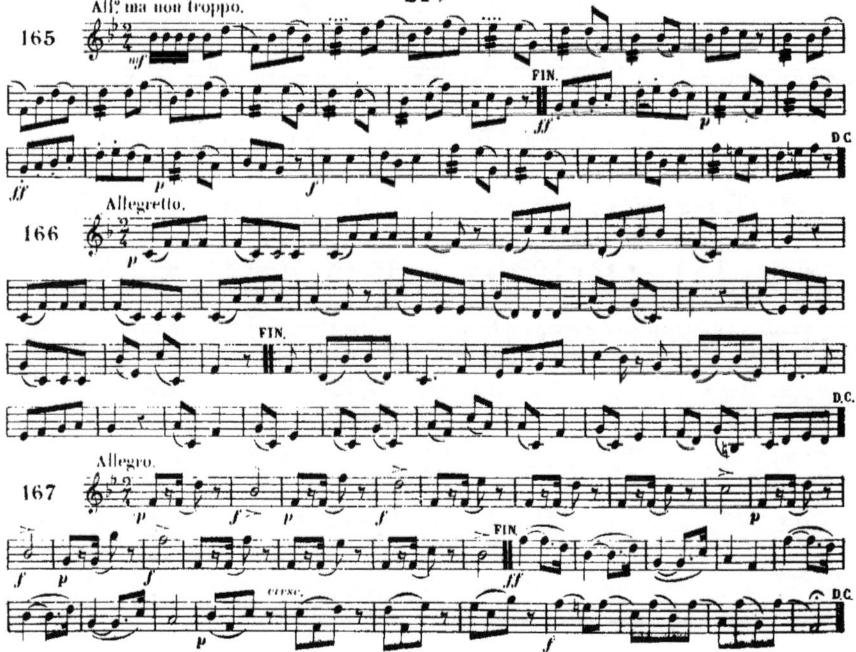
Allo ma non troppo.
165
mf
FIN.
ff
p
ff
p
f
D.C.
Allegretto.
166
p
FIN.
D.C.
Allegro.
167
p
f
p
f
f
p
FIN.
f
p
f
cresc.
ff
p
f
D.C.

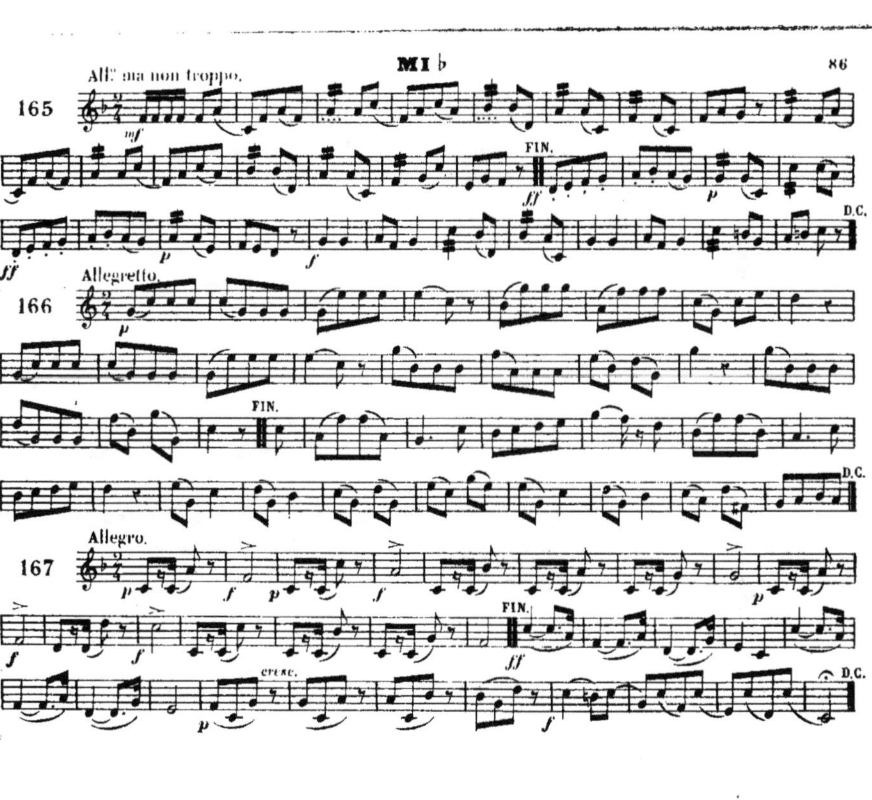
Allᵗ ma non troppo.
165
mf
FIN.
ff
ff
p
f
f
D.C.
Allegretto.
166
p
FIN.
D.C.
Allegro.
167
p
f
p
f
f
p
f
p
f
cresc.
FIN.
ff
p
f
D.C.

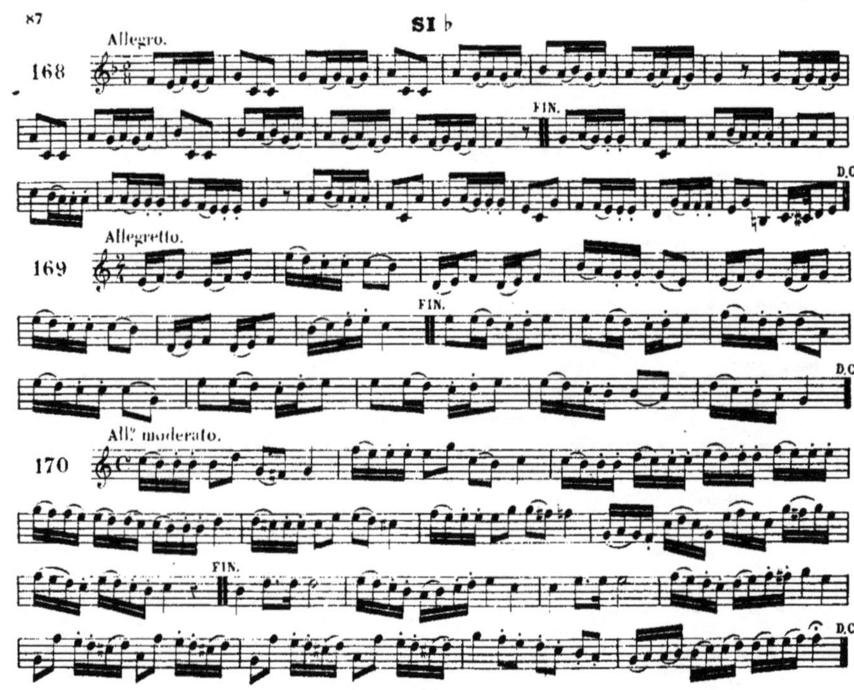
SI ♭
Allegro.
168
FIN.
D.C.
Allegretto.
169
FIN.
D.C.
All⁰ moderato.
170
FIN.
D.C.

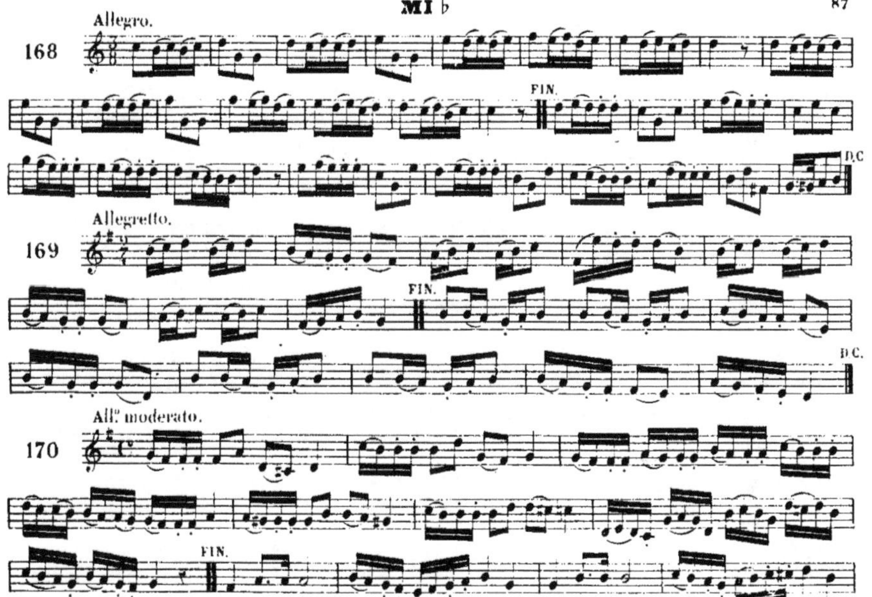
Allegro.
168
FIN.
D.C.
Allegretto.
169
FIN.
D.C.
Allᵗ moderato.
170
FIN.
D.C.

88
SI ♭
Allegro.
171 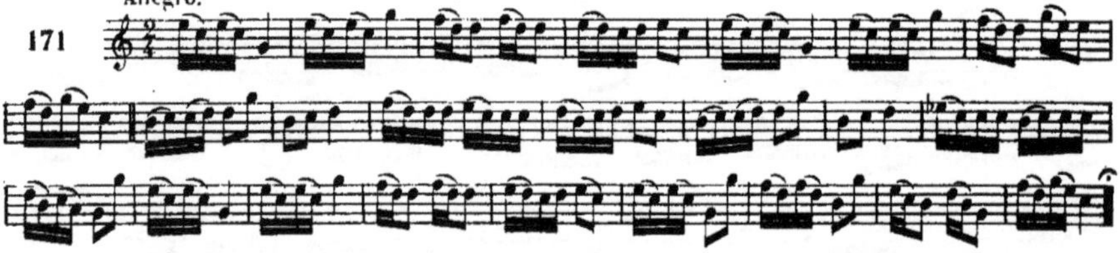
Moderato.
172

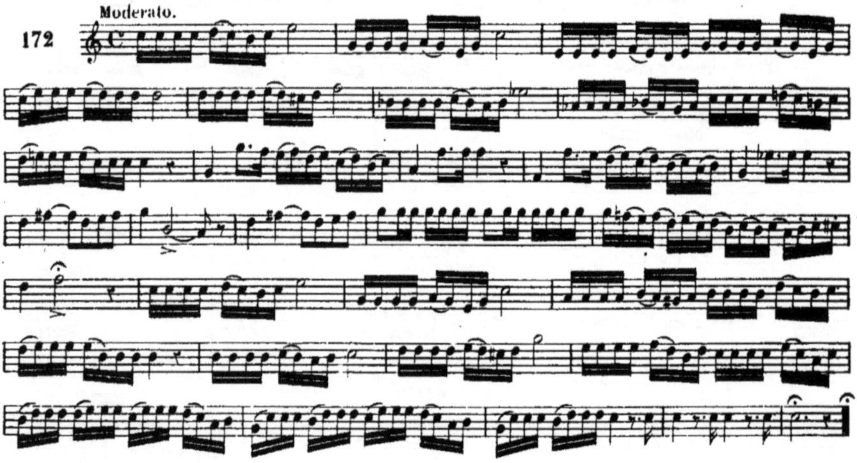

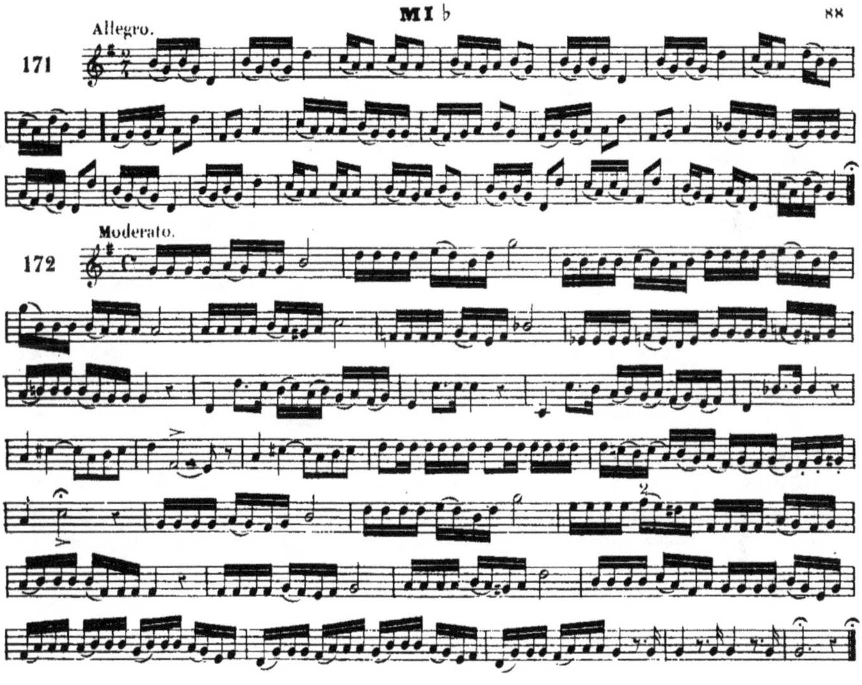

MI♭
XX
Allegro.
171
Moderato.
172

SI ♭

173

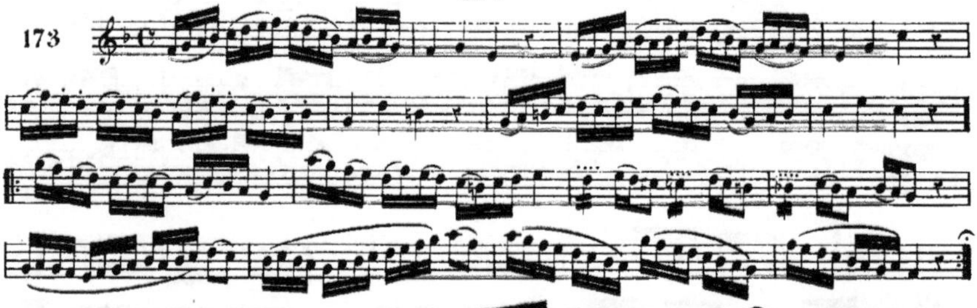

174

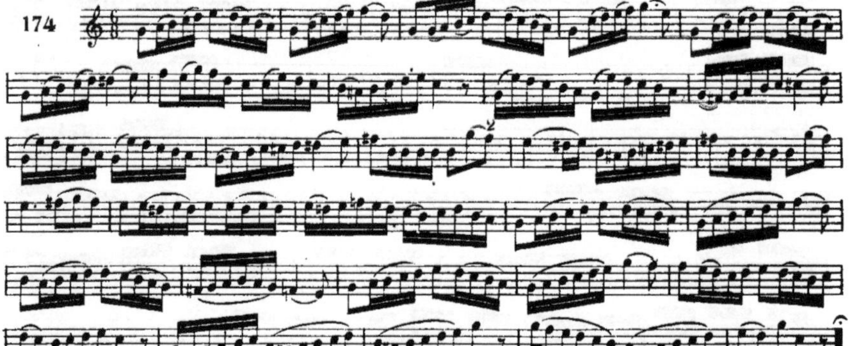

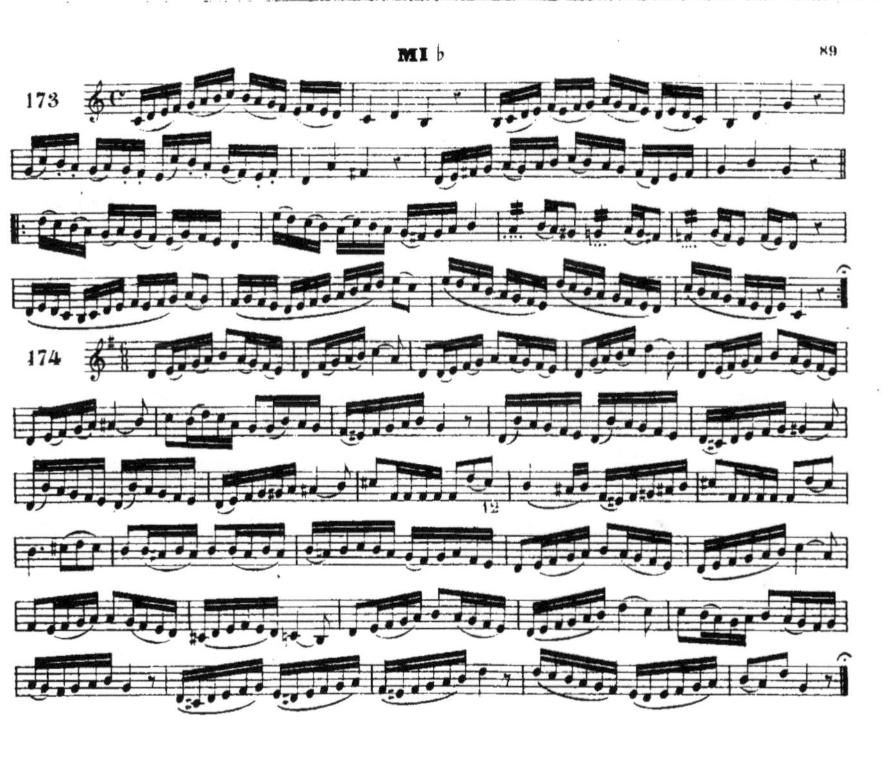
173
174

DOUBLE COUP DE LANGUE. (Voir, page 15)

STACCATO BINAIRE.

SI ♭

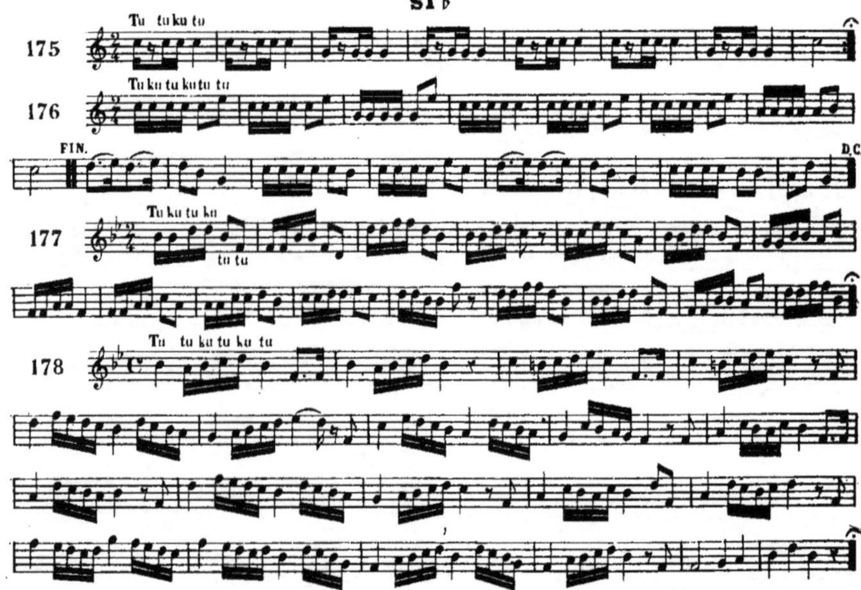

STACCATO BINAIRE.

MI ♭

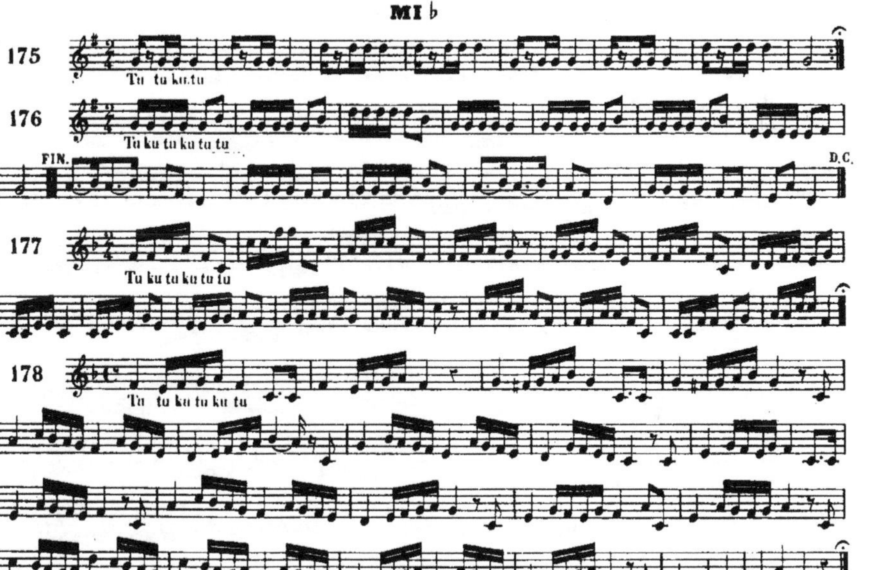

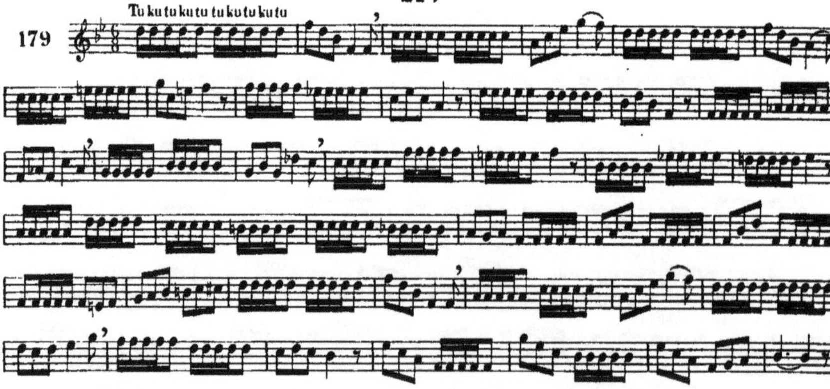

179
SI♭
Tu ku tu ku tu tu ku tu ku tu

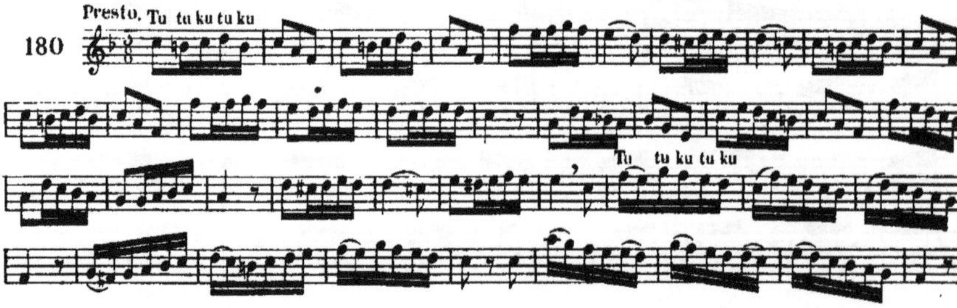

180
Presto. Tu tu ku tu ku
Tu tu ku tu ku

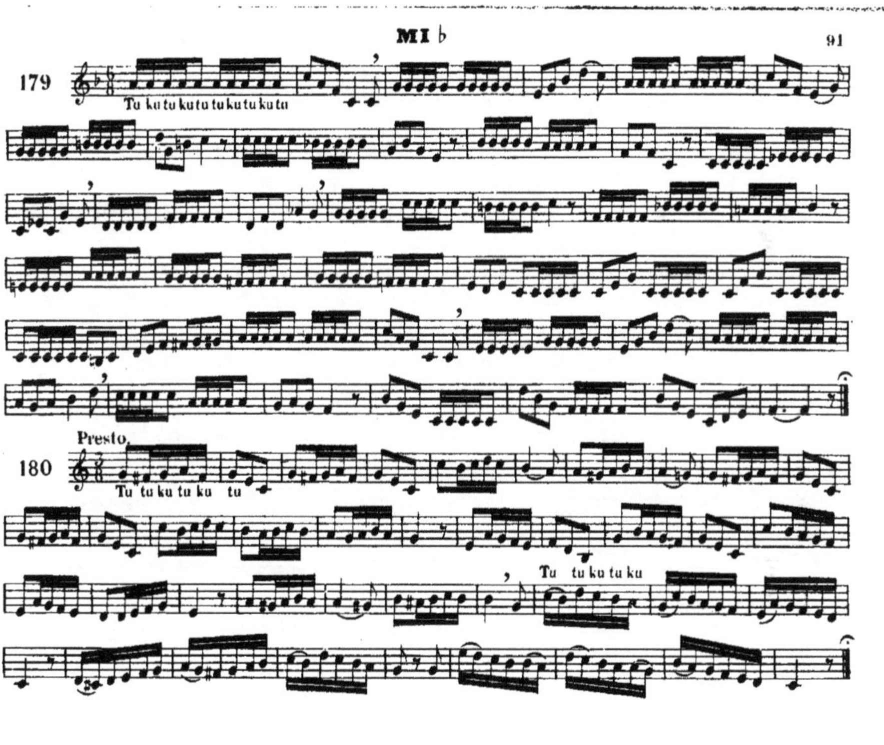
179
Tu ku tu ku tu tu ku tu ku tu ku tu
Presto.
180
Tu tu ku tu ku tu
Tu tu ku tu ku

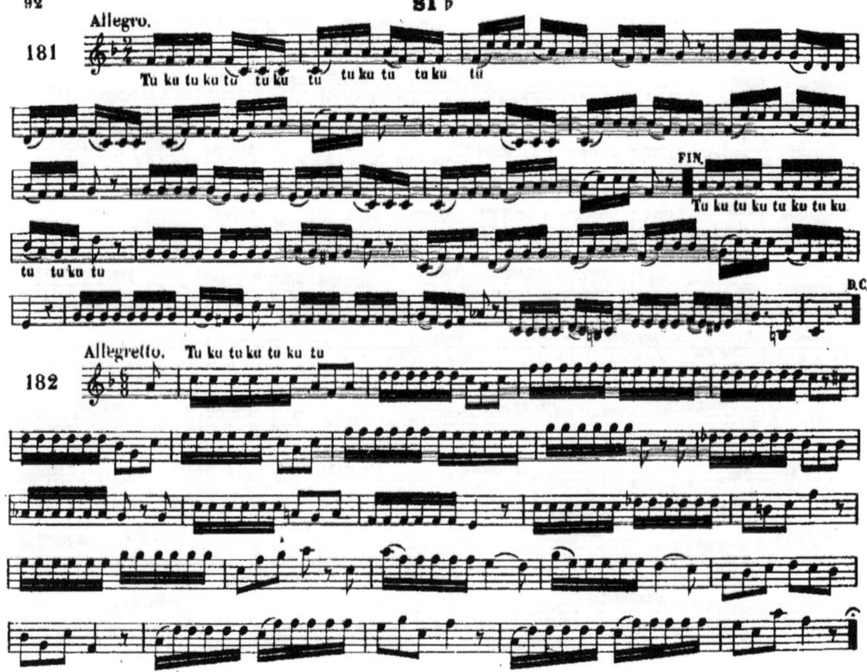
Allegro.
SI ♭
181
Tu ku tu ku tu tu ku tu tu ku tu tu ku tu
FIN.
Tu ku tu ku tu ku tu ku
tu tu ku tu
D.C.
Allegretto. Tu ku tu ku tu ku tu
182

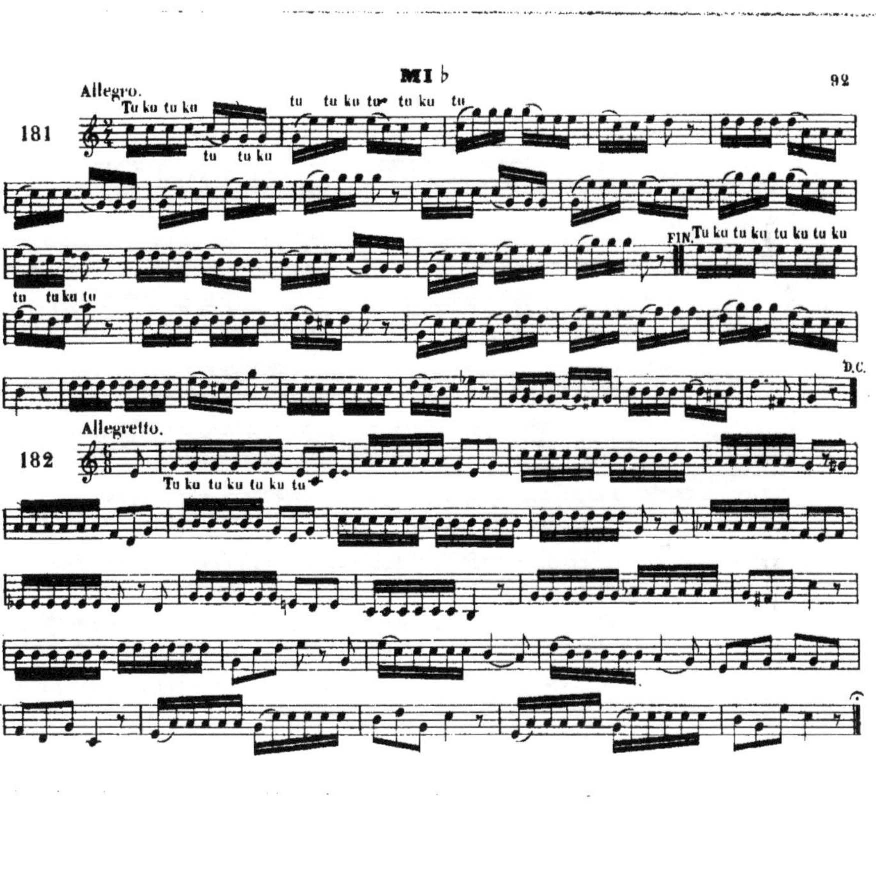
MI ♭
Allegro.
181
Tu ku tu ku
tu tu ku tu tu ku tu
tu tu ku
FIN. Tu ku tu ku tu ku tu ku
tu tu ku tu
D.C.
Allegretto.
182
Tu ku tu ku tu ku tu

DOUBLE COUP DE LANGUE (Voir page 15)

STACCATO TERNAIRE.

SI ♭

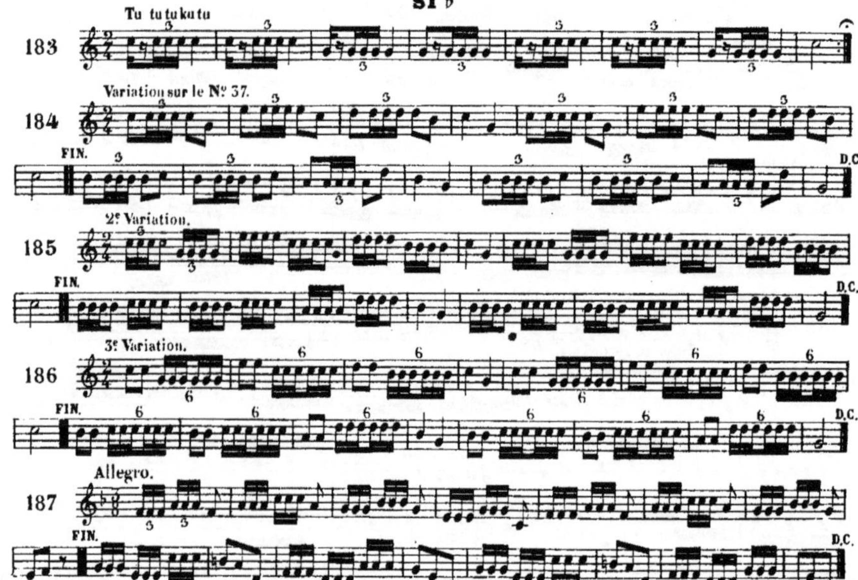

STACCATO TERNAIRE.

MI ♭

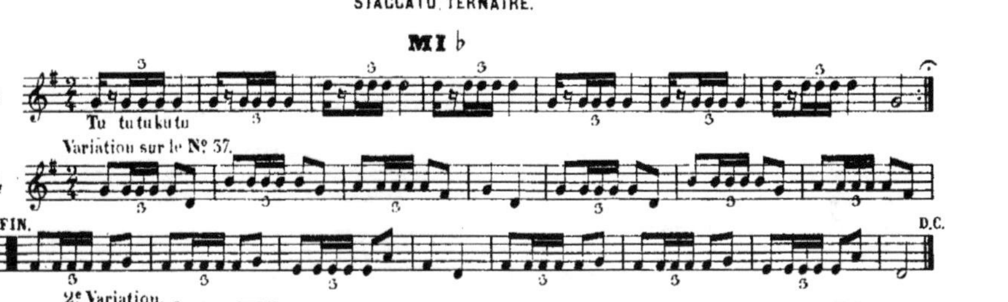

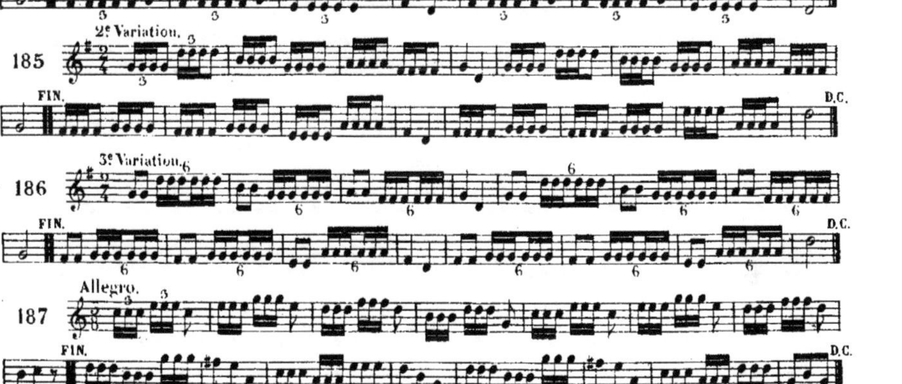

SI ♭

188

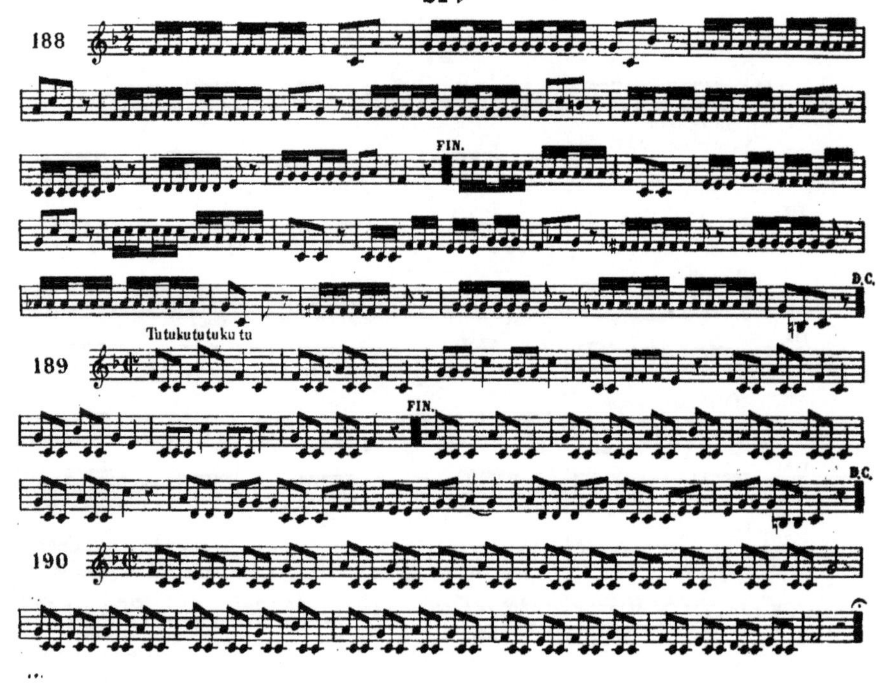

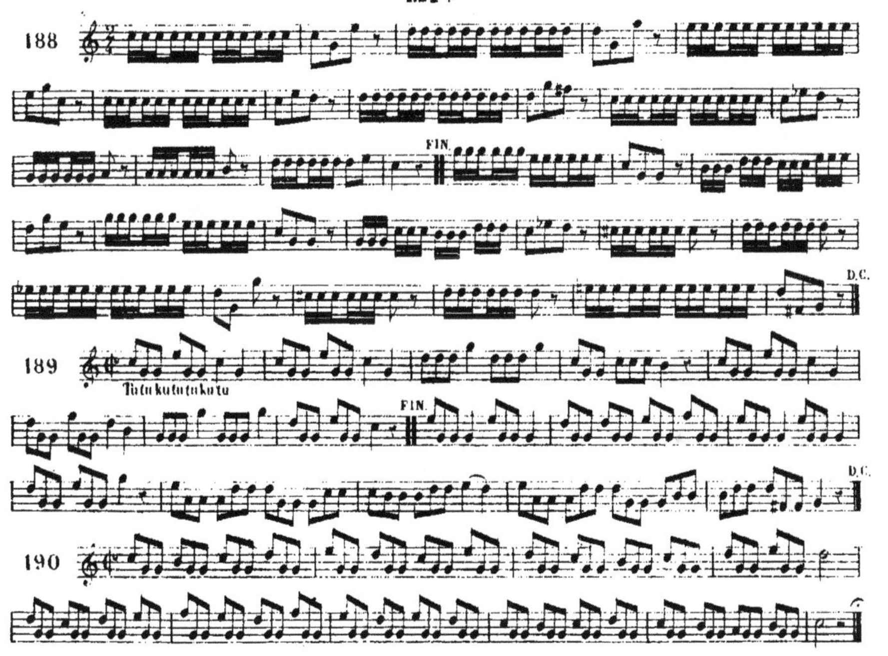
188
FIN.
D.C.
189
Tutu kutu tu ku tu
FIN.
D.C.
190

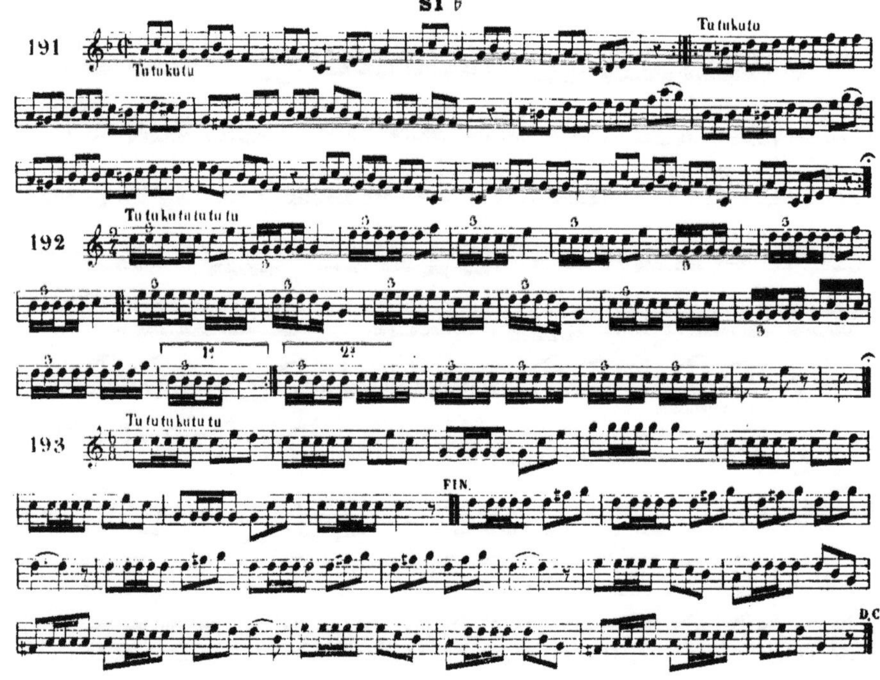
SI ♭
191
Tu tu ku tu
Tu tu ku tu
Tu tu ku tu
192
Tu tu ku tu tu tu tu
1ª
2ª
193
Tu tu tu ku tu tu
FIN.
D.C.

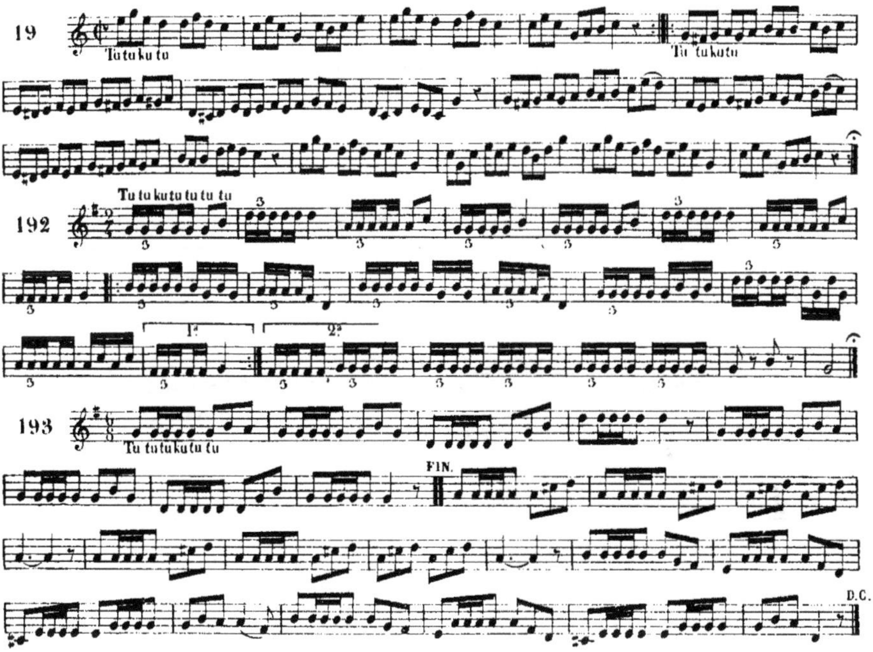

19

Tu tu ku tu   Tu tu kutu

192   Tu tu ku tu tu tu tu

1ª   2ª

193   Tu tu tu ku tu tu

FIN.

D.C.

COUP DE LANGUE DANS LE SON.

(Voir aux principes, page 16)

SI ♭

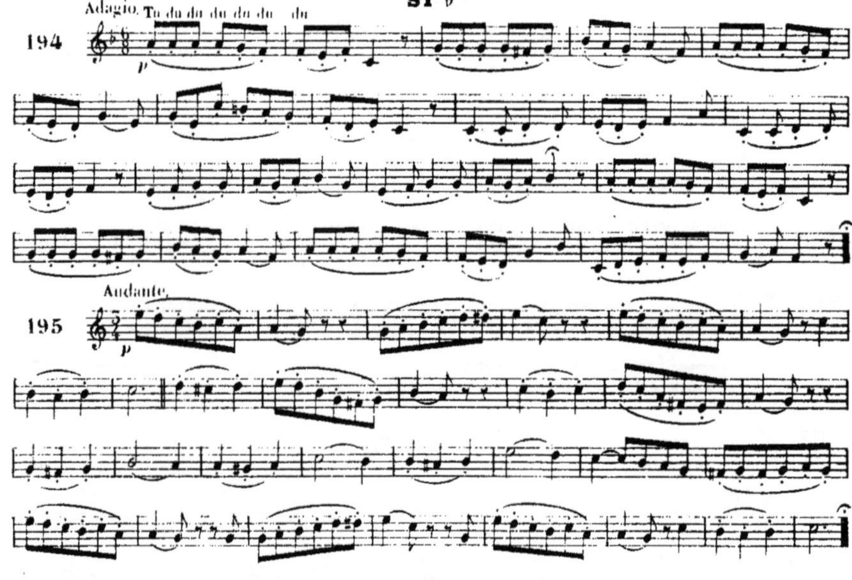

COUP DE LANGUE DANS LE SON.

(Voir aux principes, page 16)

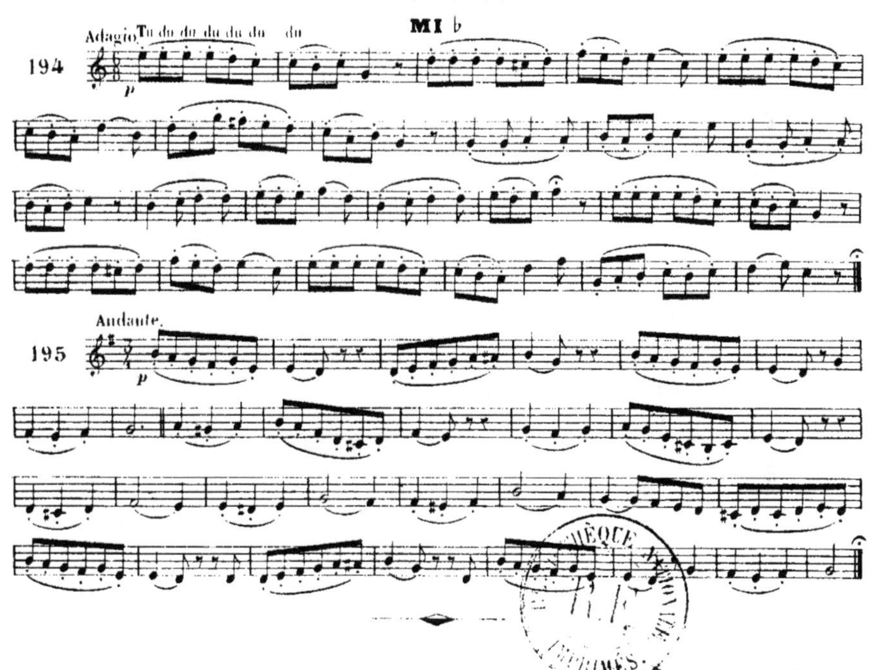

SUPPLÉMENT.

ORNEMENTS ou NOTES D'AGRÉMENT.

On appelle *ornements* ou *notes d'agrément* certaines petites notes, écrites ou indiquées par des signes, que l'on ajoute aux notes *essentielles* d'une mélodie, et qui ne comptent pas dans la mesure.

Les principaux ornements sont: l'*appoggiature*, le *portamento*, le *groupe*, le *trille*, le *mordant* et les *fioritures*.

APPOGGIATURE.

L'*appoggiature* est un ornement formé d'une ou de deux petites notes précédant une note essentielle. De là, l'appoggiature *simple* et la *double* appoggiature.

L'appoggiature *simple*, représentée ordinairement par une petite *croche barrée* (♪), se place à un degré au-dessus ou au-dessous d'une note essentielle. En général, elle s'exécute très-rapidement et prend sa valeur sur la note qu'elle accompagne. EX.

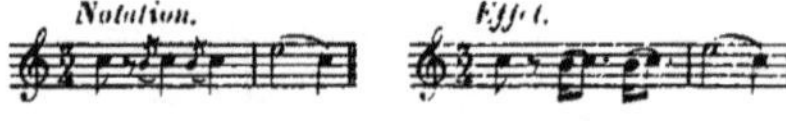

La *double* appoggiature peut être composée d'une ap-poggiature supérieure et d'une appoggiature inférieure, ou de deux notes prises à la distance d'une tierce de la note essentielle. Dans l'un et l'autre cas, elle prend sa valeur sur le *temps* précédent. EX.

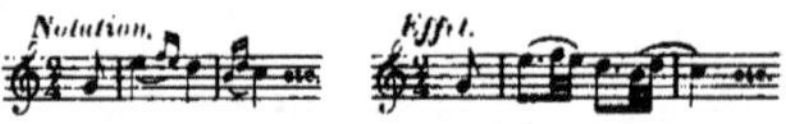

PORTAMENTO.

Le *portamento* est la répétition d'une note qu'on veut porter, en glissant le son, sur une autre note placée à plusieurs degrés au-dessus ou au-dessous. Il se re-présente, comme l'appoggiature simple, par une petite croche barrée, et prend sa valeur sur la note suivante. EX.

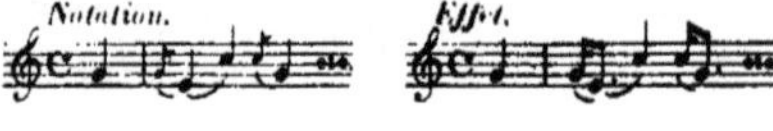

GROUPE.

Le *groupe* ou *gruppetto* est un ornement formé de trois ou de quatre petites notes qui occupent toujours trois degrés différents: celui de la note essentielle qu'elles accompagnent, le supérieur et l'inférieur.

Le groupe de *trois* notes se place *avant* une note essentielle et prend sa valeur sur le *temps précédent*. EX.

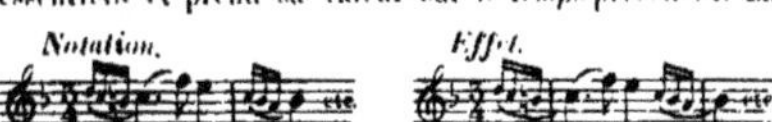

Le groupe de *quatre* notes, indiqué assez souvent par le signe ∾ (1), se place *après* une note essentielle, à laquelle il emprunte sa valeur.

La manière de prendre les notes du groupe dépend de la note qui suit: voyez pour cela l'exercice **G**, page 101, où l'on a réuni à dessein les principales difficultés de ce genre d'ornement.

TRILLE.

Le *trille* consiste dans l'émission alternative et accélérée de deux notes formant un intervalle de seconde *majeure* ou *mineure*; mais, sur les instruments à pistons, le trille d'un demi-ton est presque seul supportable.

On indique le trille par les deux lettres *tr*, que l'on place sur la note essentielle. La valeur de cette note

---

(1) *Lorsque la note inférieure doit être élevée, on indique cette modification par un accident placé sous le signe* (∾)

fixe la durée du trille.

Les petites notes qui précèdent ou suivent ordinairement la note essentielle, servent à indiquer la manière de commencer ou de terminer le trille.

Il faut prendre garde, dans l'exécution, à ne point procéder par saccades, tout en augmentant graduellement la vitesse des battements. (Voyez page 102)

MORDANT.

Le *mordant*, à proprement parler, n'est qu'un trille précipité, composé d'un ou de deux battements.

Le mordant à deux battements s'indique par le signe ∿, placé sur la note essentielle. EX.

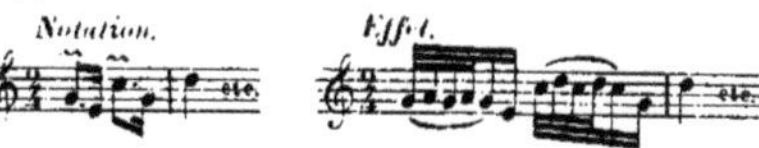

Le mordant à un seul battement s'indique ordinairement par deux petites notes précédant la note essentielle, dont elles tirent leur valeur. EX.

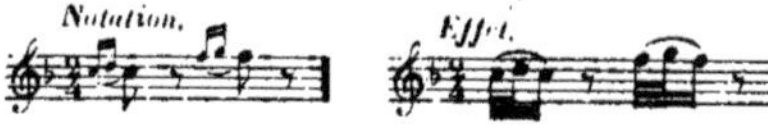

FIORITURES.

On appelle *fioritures* ou *points d'orgue* certains traits laissés à la fantaisie de l'exécutant et pendant lesquels l'accompagnement est suspendu. (Voy. p. 103)

EXERCICES SUR LES ORNÉMENTS.

APPOGGIATURE. (Voy. p. 97)

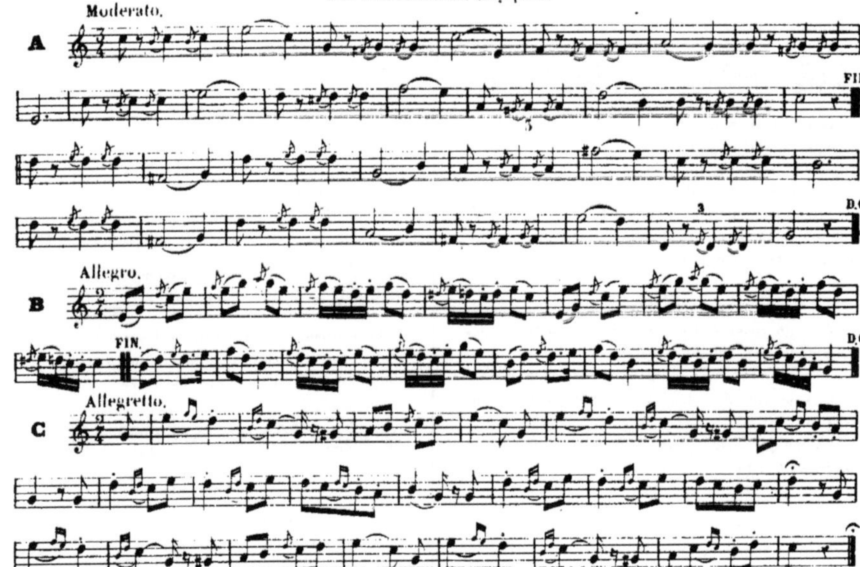

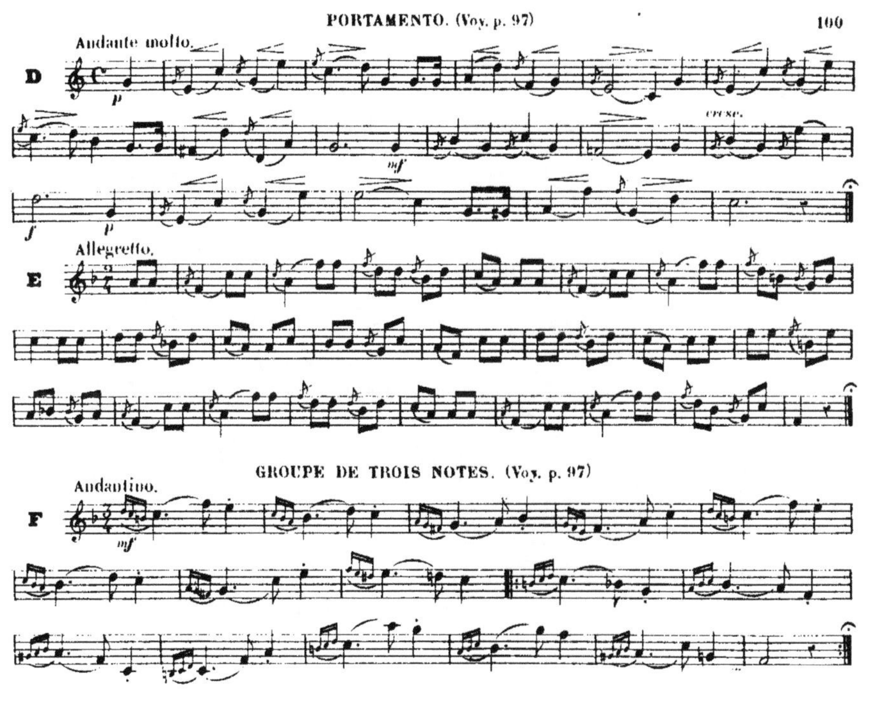
Andante molto.
D
Allegretto.
E
GROUPE DE TROIS NOTES. (Voy. p. 97)
Andantino.
F

GROUPE DE QUATRE NOTES. (Voy. p. 97.)

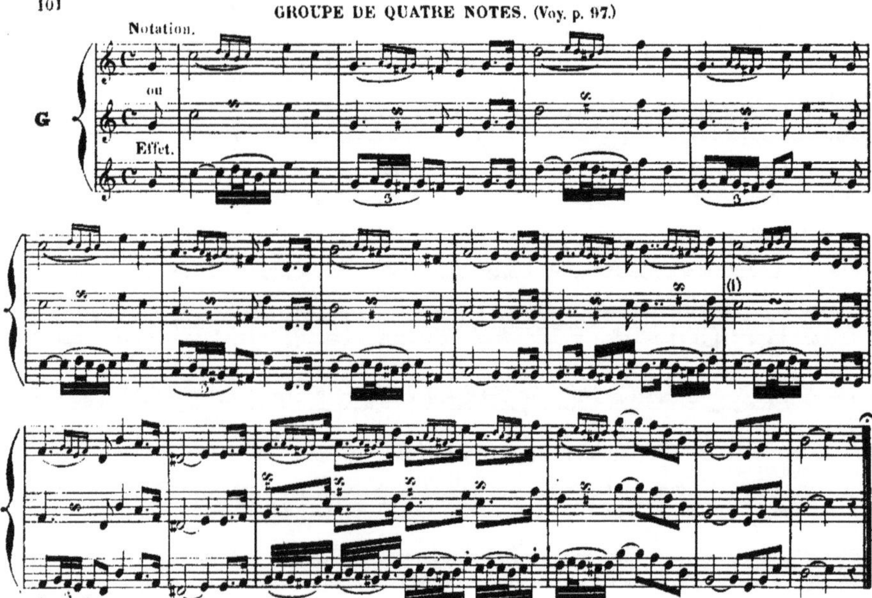

(1) Remarquez ici que la première boucle du signe est en bas: cette modification annonce que le groupe doit être commencé sur la note inférieure.

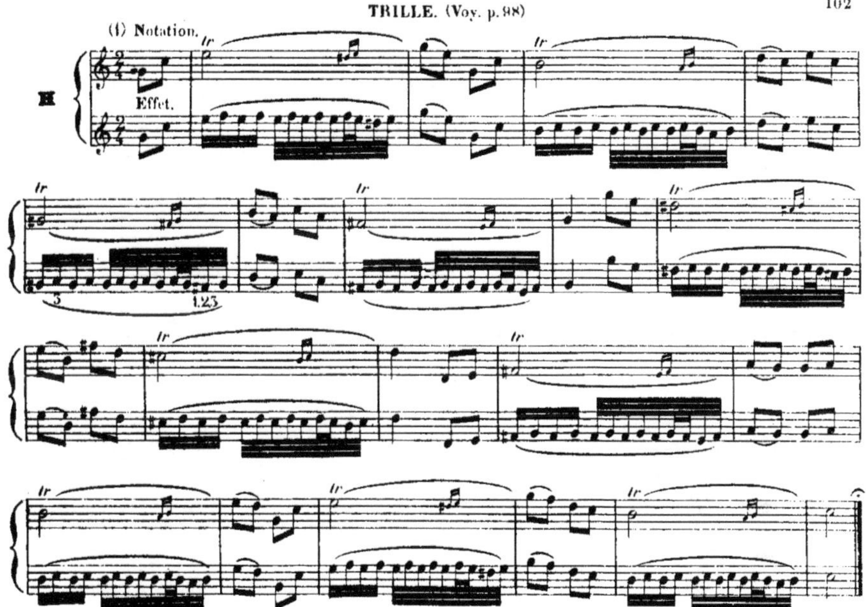

(1) *Lento* d'abord et arriver progressivement à *Allegro*.

MORDANT. (Voy. p. 98)

I

J

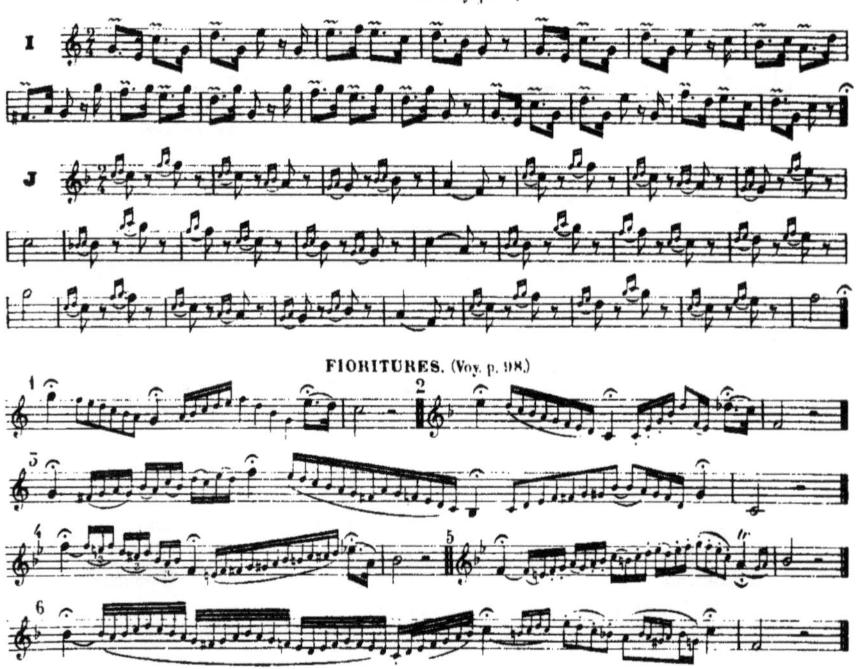

TABLE DES MATIÈRES.

(Les chiffres indiquent les pages)

Paris, Imp: Michelet et Cie, rue du Hasard, 6.

www.ingramcontent.com/pod-product-compliance
Ingram Content Group UK Ltd.
Pitfield, Milton Keynes, MK11 3LW, UK
UKHW020250180726
13839UKWH00001B/270